北海道
池澤
とおすは水の力なりけり

古川和男範士と

岡嶋恒範士、髙井雅一教士と

1992年2月、札幌藤が丘整形外科医院開院記念パーティにて。
左から金田清志東京医大教授、著者、松野茂夫東京医大名誉教授

両親、女房と。父の誕生日にて（写真2枚とも著者提供）

奇跡の合格
剣道八段への軌跡

~八段までの笑いあり涙なしの合格不合格体験記~

池澤　清豪
（札幌藤が丘整形外科医院院長）

奇跡の合格 剣道八段への軌跡／目次

家庭でも我慢修行の日々。女房の温かな心遣い？ きっと我慢から道が拓けると信じて
六・七段は高齢者の「わび」「さび」の枯れた剣道を評価。しかし、八段はその延長線上にないと再認識する
考える人ならぬ悩む人に。悩んだ結果、審査員が期待していると思えばパフォーマンスが上昇する
前日の合格率の高さに胸がワクワクとトキメク。八段は左手の手元が1回でも上がると、心が動いたことになる
相手の一人が一次合格。私もいい立合をしたとポジティブ思考
八段審査では攻められても、心を動かさず心を止めない不動の構えが求められる
検証　八段合格のために足りない6点を洗い出す。人生で大切なことは転ぶ回数より起き上がる回数だ

第七章◉八段審査7回目の巻　令和4年（2022）5月2日　京都・京都市体育館

努力は報われる。いや報われない努力もあるが、諦めず継続すれば桜咲く

女子ジャンプの高梨沙羅選手に学ぶ「人間形成への道」
努力を通して知識や技術が身につくと楽しくなり熱中できる
密かに古川先生の降臨を祈るが……。またしても自己満足の世界へ
収穫あり。二次合格者は攻めて勝って打ち切っていた

カバー・本文デザイン／㈱エールデザインスタジオ
カバー・口絵写真／伊藤幸也
本文写真／徳江正之（Ｐ88・163・220）
伊藤幸也（Ｐ39・142・148・166・187・244＝九段坂）
その他の写真は著者提供
協力／北海道神宮養心館道場・二八会

序に代えて

親友（心友）と剣道八段は剣道の神様から授かったごほうび

39歳三段リバ剣。すぐに四段を受審し、形で落ちる

形で落ちて藤井稔範士との良縁を得る

医学も剣道も向上心を持ち続けること

自分はどうありたいかという強い志が大切

39歳三段で剣道再開。すぐに四段を受審するも剣道形で不合格
それから奮起し五段、六段、七段までは一発合格

2022年11月25日、東京・日本武道館での八段審査にて合格させていただきました。この場をお借りして、多くの先生方に感謝申し上げると同時に、養心館の皆様、朝稽古の皆様、南区・厚別区・清田区・白石区・北区の皆様・倶知安の皆様、登別室蘭の皆様など快く稽古を頂き深く感謝申し上げます。

私は警察の道場で小学5年生から剣道を始め、(故)千葉徳晃先生、(故)舟木朗先生を中心にご指導いただいた。道場において周りの剣士は強く、私は小中高と常に補欠だった。ただ友人の(故)葛西良紀(親友なので呼び捨てにする)が中学3年生、高校でも2年、3年と同じクラスで、彼のことを大好きだった私は剣道をやめることなく、彼と剣道の稽古を伴にした。

高校卒業し2浪後、東京医科大学医学部入学。小中高と選手になれなかったこともあり、大学は剣道部以外と思っていたが、先輩にキャバレーへ連れていかれ、これから夢のような大学生活が待っていると信じ、翌日は剣道部に所属していたのだった。この夢はその日だけだったが、部員は20名

以上いた中で6月の大会には、すぐに選手として使ってくれた。このときこそ「医学部に入学できて良かった」と感じたことはなかった。同期に強い仲間がいたこともあり、団体で数々の入賞を果たし試合の楽しさ、選手である喜びを知った。大学卒業後は仕事の関係もありしばらく剣道はできなかった。

39歳の時、札幌市南区で藤が丘整形外科医院を開業。開業と同時に防具を一式買うことにした。防具屋さんに勧められるまま100万円（N泰山）の一分刺し防具を特別価格の半額の50万円でと言われ買った。当時、開業資金にも困っていたのに、今思うとよく買ったなと思う。確かに当時、防具は高価。最上級の防具は100万円近くしていた。今なら考えられない価格だし、ましてや馴染むまで時間のかかる一分刺しを買うことも絶対にないであろう。

なぜ剣道を再開したか？いや再開したくなったかというと、開業の前の年、北崎勝也君（我が紋別北高の後輩・当時北海道警察特錬主将）がアキレス腱を切り、開業前に勤めていた病院（北海道整形外科記念病院）

昭和40年、小学6年生の時、稽古場が警察の道場から紋別武徳殿に変わる

に入院していた。そこで友人の葛西の試合を見に行こうと誘われた。そして彼の試合ぶりや真摯に向き合う姿に私の剣道への思い入れに火がついたのだった。

そのような経緯から15年ぶりに息子（小学4年生）も巻き添えにして再開した。稽古は1か月3〜4回だったが、翌年40歳で四段、44歳で五段を取得。実は皆さんには四段・五段・六段・七段は一発合格と言っていたが、ここで白状する。「すべて一発合格は嘘です」。実は最初に受けた四段は剣道形で落ちていたのだ。

稽古を再開してすぐに四段に挑戦した。剣道形は20年近くまったくしていなかった。すっかり忘れていたので、そこで審査の前日、葛西を呼んで病院のリハビリ室で1回だけ指導を受けた。たった1回だけなので、形の順番を覚えるのが精いっぱい。まったくきちんと覚えていないのにもかかわらず、葛西に「実技審査と形の間に時間はたっぷりあるから、その時に覚えて。さあ飲みに行くか」と言われ（誘惑に弱い）、私も空き時間に簡単に覚えられるとその気になったのであった。

一次の実技審査は合格。ところが私は40歳で受けているので、審査の順番は後半で、二次の形審査までは時間がなかった。思惑とは違ったが、とにかく形審査まで間に稽古しようと相手を探そうと思いきや、当時一度挨拶ぐらいしたことのある全日本チャンピオンの経歴をもつ林朗先生が私を呼びにきたのだった。なんだろうと思ったら「先生すぐ来て。アキレス腱切れた人がいるから」と。心の中で（ゲーッ、嘘だろう。形はどうする？）こちらの方もパニクるのであった。仕方ないと諦め、処置をする。「アキレス腱は切れても痛いのは10分程度、明日、病院に行っても大丈夫です」と言ったのにもかかわらず、周りの人間は「救急車の手配をしました」と言う。なら私が出る必要はなかったのではと思うのだった。

そんなこんなで、さあ、いよいよ剣道形の審査。バタバタと着装を整え、急いで審査会場へ飛び込む。仕太刀だった。一本目、二本目と順調にこなすが六本目が突然頭から消える。もはやグシャグシャのままで終了。

形が終わるやいなや、打太刀の君が物凄い形相で怒ってきた。「あなたね、私は前回、形で落ちたんだ。今回、落ちるようなことがあったらどうするんだ」「申し訳ない。なんとかする」と言ったが、なにをどうするかわからない。黙って発表を待った。先に打太刀の君が受かっていること確認して、安堵した。私は当然、落ちた。（でも、それでいい）彼が受かったことで責任感から解放されたのだから。

実はそういう時に限ってである……この審査会場に、お父さんのかっこいい姿を焼き付けてやるという気持ちで息子を連れてきていたのだった。かっこいいどころではない、カッコ悪いお父さんを見せてしまった。息子は息子なりに空気を読んでか黙っている。

着替えもそそくさとして、沈黙のなか、帰りの車を走らせる。ところがだ。またしてもツイテいない出来事が生じてしまった。琴似の中心、四つ角で信号待ち。発進。しかし、突然、交差点の真ん中でエンジンの音が消えていく。（どうした？どうした？嘘だろ。あっ、ガス欠だ）とにかく交差点から出ねばならない。息子に向かい「運転席にきて、ハンドルを持て。お父さんが車を押すから」と。私のパニックった鬼のような形相を見てなのか、ハンドルを持つのが怖いのか、小5の息子は泣きそうである。それでもなんとか無事、車を路肩に寄せることができた。近くのガソリンスタンドでガソリンを買い、その後は会話もなく芯から重苦しい雰囲気のなか帰路についたのだった。

ああ、思えばあれから30年経ったが、今でも息子は当時のこと話題にすることがある。やはり、その時の私の鬼のような形相とハンドルを持たなければいけない不安感で泣きそうになったと、笑いながら私を攻めるように話してくる。ところで、あの時の物凄い形相で怒ってきた打太刀の君も剣道続けているかなぁ…。

形審査で落ちたことが契機で藤井稔範士に師事する
読書で剣道の奥深さを感じ、道連広報誌に書評を連載

このときの落ちた四段の審査会場に藤井稔先生（範士八段）がいらっしゃって、あまりにも私の

情けない形打ちをみて、審査後「警察学校に一度来なさい。教えてあげるから」と言われた。早速、学校に行き、指導を受けることにした。「まずは米谷先生とやってみてください」と言われ、形を打った。見終わったところで、あまりに私が下手過ぎて？教えるところが多すぎて？なのか。藤井先生が「良く見ていなさい」と言われ、自ら米谷先生との形打ちを見せてくれた。さらに結局指導はなく1回の見取り稽古で終わったのだった。笑い話である。確かに剣道形で審査は落ちたが、それがきっかけで以後、藤井先生と親しくお話ができるようになったことは、私にとって宝となった。その後の稽古会や試合などで気さくに声をかけてもらうようになった。

剣道形に落ちた時は本当に恥《は》ずかしかった。「恥《は》ずかしい」と「恥《はじ》をかく」の「恥」は同じ文字であるが如く、恥をかくことは恥ずかしいことである。同じ二の舞を踏まないためにも、その頃から沢山の人とお手合わせして受審している。「聞くは一時の恥、聞かぬは一生の恥」ということわざがある。わからないことを聞いて教えてもらうことは一時の恥かもしれないが、わからないままにして過ごすことこそ恥をかき続けることになるという意味である。

剣道形は特に上手な人のアドバイスが必要である。「聞いて教えてもらう」ことが絶対に必要である。本を読んでもビデオを観ても、なかなか伝わってこないことが多く、たった一言のアドバイスで激変することもある。

当時、北海道一剣道形が上手いといわれていた、故・佐藤一嘉先生（範士八段、武専出身）に教えてもらいたく雄武町に出向き教えを受けることができた。

四段取得後は五段をめざし、高価な防具も無駄にしたくないので稽古を週1回は必ずするようになった。大学までの剣道と違いがわかりはじめ、少しずつ剣道が好きになっていった。そして五段は実技、形も無事にこなして取得。次は全国区である六段をめざすため養心館の門をたたいたのだった。当時、養心館では六段以上の先生が上席に座っておられた。古川和男先生もまだ七段で、八段昇段に向けて頑張っていた。活気あふれる稽古が繰り広げられていた。五段だった私は、古川先生の気迫ある剣道を目の前にして並んで稽古をつけてもらうことは恐れ多くて出来なかった。八段には山城宏惟先生、七段には（故）倉知基雄先生（のちに八段）、壁谷則夫先生、大楯博志先生、秋野禎見先生、佐藤実善先生、六段には山村慎二先生（のちに七段）、斎藤照夫先生（のちに七段）など多数の先生がおられた。

養心館で鍛えられたおかげにより49歳一発で六段を取得できた。次は一般の剣道愛好家の最高峰七段をめざすことに。稽古も週に3回以上するように心がけたのであった。この頃から稽古へつながるヒントを求め、剣道の本を読みあさった。そして、どうせ読むなら、まとめたものを書き残そうと思い、北海道剣連広報誌『剣友北海道』に「読剣流清之介」として本の紹介を月1回掲載し始めたのだった。気がつけばもう18年経過した。おかげで知識・教養とともに、稽古をすればするほど剣道の奥行きの深さを感じるのと同時に、剣道における自分の成長も感じ取ることもできた。これが楽しく感じてきて、剣道大好き・稽古大好き人間にどっぷり嵌っていったのだった。

七段をめざす頃より古川和男先生に稽古を時々お願いするようにした。頻回に行くには怖すぎて足がすくむので、体調の良いときを選んでお願いした。というのは笑われるかもしれないが、いつぞや私の前に田中努君（東海大第四高卒・現在江別で中学校の先生）と稽古をしていて、古川先生のその気迫あふれる姿に、私の体調は急に悪くなり、並んでいる列から自然に？スーッと離れたのであった。稽古後、古川先生から「先生いなくなったね」と笑いながら言ってきたのを今でも思い出す。

それ以来、できる限り早めに並んで、先生の体が温まる前に稽古するようにした。先生のあの気迫、攻めて、崩して、勝って、捨て身での打ちの強さという根本的な理合を少しでも稽古で得たい気持ちで臨んでいた。また、先生は稽古で縁を切らないので、とんでもなく息が上るのである。ただ、先生に掛かって稽古した後、同等か下手な人と稽古すると強くなった自分がいる。これが攻めて、崩して、勝って、捨て身という理合をいつの間にか身をもって勉強させてもらった証拠であった。

七段取得後も掛かる稽古を心がけた医学も剣道も向上心を持ち続けること

55歳一発で七段を取得。その時の七段合格率は8・2％だった。あまり余計なことを考えず、「構えて攻めて打つ」ことと、できれば「初太刀を取る」ことの2点だけを考えて受審。今だから言えるが、審査になると「攻め」が抜けて「構えて、打つ」人がどれだけ多いことか。これが八段なら「構えて攻めて溜めて打つ」この一連の動作の必要だが、それはそれぞれの段位を取得したのちに、このことが理解できるのであるから不思議だ。

道場に足を踏み入れた瞬間から凛とした雰囲気を醸し出す古川先生を師と仰ぎ、周りの皆様の力を借りて六段、七段と年齢も高いせいか順調に合格できた。

七段を取得した、その日の夜、自分の剣道を成長させるためにも、志《こころざし》として神の領域と言われる八段取得を目標としたのであった。よって、余程のことがない限り、上席に座らず、とにかく掛かる稽古を信条として上の先生に並ぶようにした

今回の八段取得までは9回受審した。その間、一度も一次も通らず、また最近は60歳以上の合格者がいなくて、八段はさらに遠ざかっていくのであった。八段を夢とするか、志として稽古を続ける

か？心では迷っても、稽古は習慣になっているので足は自然と道場・稽古場に向かったのだった。

皆さんもご存知の通り、私は八段の実力技量能力があって合格したわけではない。審査では頭で考えている中で体が勝手に動いたことの一致からと思うのである。実力は1割、運が9割と自己評価。私より強く、技量を持っている人は沢山いる。ある八段の先生が他の人に「なぜ、池澤先生は受かったのか…それはいつでも捨て身で打ち切っているからだ」と話していたのを小耳に挟んだ。嬉しかった。そうか、やはりこれは上の先生に掛かる稽古の賜物である。

前述したように、稽古ではほとんど下から掛かっていった。そして、上の先生に掛かるときは打たれて返されては当然なので、こちらも肚に力を込めて打ち切ることを心構えとした。「打ってもらう、打たせてもらう」そこに打たれて当然という心構えからくる謙虚さが体の運びをスムーズさせる。これがいつも互角稽古のようにしていると「打ってやろう、打たれたくない」となり我欲が体の動きを止め、やがては成長さえも止めてしまうのではないかと思うからである。

審査には必ず合格者もいれば不合格者もいる。審査で起こる出来事にラッキーとかアンラッキーの区別はない。審査中のどんな出来事も自分を成長させる糧に変える必要がある。初太刀を取られたり、やりにくい相手だったり、どんな不運に見舞われたとしても、その経験がなければ手に入れることができないような成功を実現することはできないのである。そのためには審査の不合格は単なる失敗と考えるのではなく、成功のための必要不可欠の材料として捉えなければいけないのである。小さな成功を重ねることで成功を勝ち取るのではなく、失敗をたくさん重ねることで成功を勝ち取ることができると思っている。

また、私は常に自分を上に向かせようという向上心は強いと自負している。それは仕事柄から必要だからかもしれない。我々ぐらいの年になると学会にも参加しなくなる者が多いが私は違う。今でも現役で手術を沢山しているため、あらゆる学会にも参加して、医療の日進月歩を感じている次第だ。向上心がなければ医者ではないと言える。

剣道に関しても同じ気持ちである。道場に向かう時、今日は出頭の面、あるいは攻められても下がらない、鎬を遣う応じ技などと目標を立て、稽古に臨んでいる。もちろん注意されたことは家で鏡に向かい復習する、ノートに書き留めることもある。実力がないのだからしかたないことで、次に向かう努力はするよう心がけているのだった。

自分はどうなりたいかではなく自分はどうありたいか

今はまだ、私は八段としての技量、風格は持ち合わせていない。また今後も真の八段にはなれないと思う。古川和男先生、佐賀豊先生、栄花英幸先生、栄花直輝先生のような日本を代表する真の八段をめざしても到底到達できないからである。肩を並べること自体申し訳ない気持ちである。ちょっとずつ、ちょっとずつ自己評価・反省を加えて、八段の位《くらい》に近づく努力はしたいと思うのである。

皆様も、どうぞ優しく大きな心で、私が八段になったことお許し下さい。私のような者が八段を取得できたのだから皆様にもチャンスは充分あると思っている。

いつも「自分はどうなりたいか」と考えるタイプでなく「自分はどうありたいか」を考えるタイプなので、私は自分を成長させる意識のもと、所作・基本を大切にして、皆さんの一番手の届く風格だけはある八段でありたいと思っている。

この掲載文を初めて書いたときは、「八段審査」という審査会場の独特な雰囲気に感動したのです。感動したら誰かに伝えたい。これから受審する人のためにも、この光景、雰囲気が、そのときの私自身の気持ちが皆さんに伝えたく文章にしたのです。

そして、掲載している時は、一次も受からず「いつまで続く？」と思っていたが、改めて読み直すと沢山の合格のヒントを書いているのに気づきました。そのことが伝えることができたら幸せです。

本書は八段までの合格不合格体験記である。この一連の体験記は毎回審査後1週間以内に執筆したもの、さらに北海道剣道連盟広報誌「剣友北海道」に掲載したものを、一冊の本にまとめるにあたってそこでは言い足りなかったことを含め、加筆修正などを施して改めて書き下ろした。本書が皆様に「夢・希望・元気」を少しでも与えられたら嬉しく思う。どうぞご笑覧くだされば有り難く存じます。

また、巻末の「あとがきに代えて」の中で親友（心友）の（故）葛西良紀が北海道剣道連盟広報誌「剣友北海道」に寄稿した「燈燈無尽《とうとうむじん》」を載せた。「燈燈無尽」とは「良き教えを人にも教えよ」と「維摩経」の「無尽燈」を引用した言葉で、すなわち「一つの灯《あかり》を別の十の灯《あかり》に点火し、さらに百、千と灯《とも》していけば明るく輝き消えることがない」という意味である。私もこれを引き継いで、良き教えができ、皆さんが成長できるような師になりたいので努力する。なにとぞ今後ともよろしくお願い申し上げます。

令和六年十二月吉日

池澤清豪

昭和28年生まれの二八会

平成27年11月11日　北海道勇払郡むかわ町

令和5年10月21日　札幌刑務所振武館

令和6年10月26日　北海道神宮養心館（撮影・伊藤幸也）

第一章◉八段審査1回目の巻

お互いが相手に尊敬の念を抱くことがお互いの向上になる

竹刀袋の肩紐が突然切れる
極度の緊張で金縛り状態になる
自分勝手な剣道をする
しかし希望は捨てない
やる気を引き出すペップトーク

平成30年（２０１８）11月29・30日　日本武道館

１日目　受審者９１１名　合格者６名

合格率０.７％（51歳２名・50歳・53歳・57歳・66歳各１名）

２日目　受審者１,１１４名　合格者８名

合格率０.７％（54歳２名・47歳・48歳・51歳・52歳・57歳・65歳各１名）

「やればできる」ではなく「やれば成長する」の精神

平成30年11月29日、65歳、初めて八段審査に挑戦した。七段合格後10年を経て八段の受審資格が得られる。かつ合格率は1％以下と言われ、日本一狭き門と言われている。今回も２０００人以上の方が受審し14人しか合格者がいない。

審査においては、一次実技審査を突破できるのは８％から９％ほど。次に二次実技審査、こちらも試合形式の実技であり、合格できるのは、一次審査を突破してきた者の中の、さらに８％から９％。一次と二次を合わせた合格率は、前述の通り0·5％から0·7％ほどになってしまうのだ。日本一難関と言われている試験である。近年の合格者の年齢区分では、46歳から52歳までが最も多く、それ以降の年齢は人数が大きく減っている。しかし、70歳以上の合格者も稀にいる。65歳の私としては「よっしゃ」とそのことだけでも勇気をもらえる。

２０１４年の統計によると日本の剣道人口は１７７万人。そのうち剣道八段の現在の人数は７００余名である。たったこれだけ?という感じである。それ故に価値ある存在なのだ。

私は39歳で剣道を再開し、四段は形で落ちたが、その後の五段・六段・七段と取得。七段取得後からは八段受審を意識していた。しかし、周りにいる八段とあまりにも剣道そのものの格の違いがはっきりしているので、合格することは全く考えていなかった。ただ、挑戦することは、自分自身の剣道の幅を広げるためにも必要と考え、その意欲から稽古にも熱が入った。

今の私の剣道では合格できないと確信するが、未知の世界への挑戦は自分を高め、成長を促すことを信じている。「やればできる」ではなく「やれば成長する」の精神である。そして自分の剣道の成長をみるためにも、一次合格の約10％程度に入ることを目標とした。自分の中で一次合格は七段の卒業として捉えていたからである。

極度の緊張で唇が震えて金縛り状態になる
冷ややかな視線の中、やっと椅子から立ち上がる

■審査前

えっ、竹刀袋の肩紐が切れる…不吉な予感が

すべてが初めて、審査は午後からであったが、着いたのは午前10時前。会場入口の扉をくぐった瞬間、なんと竹刀袋の肩紐が切れた。こんな時に不吉な予感。（まあ1回目だ。受かるわけない）と

自分に言い聞かせ心の動揺を抑えるも（なんで今切れる?勘弁してよ）動揺が蒸し返されるのであった。そして審査会場の扉を開ける。改めて日本武道館の大きさに驚き、同時にここで世界選手権、全日本選手権など数々の大会が行なわれてきたかと思うと、さらに緊張感が増してくるのであった。

もうすでに午前中の皆さんが審査の立合をしている、その気合だけがこの厳粛な雰囲気の中に轟くのであった。年齢も若いだけあって動きも良かった。その分、攻めがあっても溜めがないようにも感じた。攻め、打ちの上手い方もいれば、まだ構えさえも不十分という方もいる。少し安心、安心。

■審査中　ただ面を打つことに集中

実技審査に入る前、同じ組の4人（A・B・C・D）は横1列となり正座して面を着ける。面を着け終えると次の順番の組の椅子が用意されているので、Aから順に座る。Dの私も面を着け、椅子に座った。すると突然、緊張からか面の中で唇が震え始めた。自分でも緊張のあまりこのような状態になるのは初めてである。

我々の組が椅子から立ち上がった。しかし、唇の震えは止まらず身体は硬直し椅子から動けない状態でいた。私だけが残り、次の組の人たちが座り始めた。もちろん私の椅子に座る番号の人は早く「どいてよ」という合図を送ってくる。「すいません」と謝ることもできない。かつてない緊張の中、早く震えが止まり、立ち上がれることだけを祈る。その時間は1分ぐらいかもしれないが、非常に長く感じた。ようやく唇の震えが収まり身体の硬直も少しほどけやっと椅子から立ち上がることができた。

立ち上がれたことに、こんなに喜びを感じたことはない。私と対戦するAもCもどのような立合をしたか見る余裕さえなかった。もうBとCは対戦している。急に今度は、お互いの礼をするのにすれ違って礼をするのだが審査員の方に行けばいいのか、それとも逆かわからない。周りの会場を見渡す。ところが審査員の方からの人もいれば、逆の人もいる。3人見た中、審査員側が2人いたので、審査員側から回ることにした。（これが正解だった）

立会の「はじめ」の合図。ふわふわした感情のもと、ただ面を打つことだけに集中した。気合だけは大きく、触刃そして交刃に入る。どこで面が打てるかを考える。この辺なら面に届くだろうと感じた瞬間、「メーン」と思い切り打突。しかし、竹刀の先は相手の面の前で空を切る。届かなかった。もう一度「初太刀」の気持ちに切り替える。再度、メンを打つも相手もメンを打ち、お互いガシャガシャの剣道となる。次のAの人とも同じような展開であった。

■審査後

自分勝手過ぎた剣道を反省する

間合が見えず、打ち切れず、心捨て切れず、といった〝箸にも棒にもかからない〟状態で審査を終えた。いつもの間合で面に届かなかったのは、やはり緊張からくる身体の動きであろう。今後はこれも視野に入れなければいけない。

それよりもっと反省しなければならないのは、合気のこと考えずに自分勝手過ぎたということである。相手に対しても失礼な行為であった。本当に申し訳ない。今回の場合、自分が見劣ることなく相手に一次通過させるぐらいの剣道をしなければいけなかった。

私は〝八段審査を受ける資格があったのか〟と自問しながら、二次審査を拝見した。二次審査における受審者の動き、その〝勢い〟は素晴らしかった。剣道で求められている姿がそこにあった。さらに、ここからわずかな合格者しか出ないのだ。当然、私は受ける資格はなかったと自覚したし、改めて八段に昇段する方の凄さを痛感した。

受審前、もしかしたら〝まさか〟があるかも知れないとか、勝手に想像していた自分が本当に恥ずかしくなった。

八段を手中に入れることはどれだけ大変か。どれだけ努力が必要か。覚悟の重みを知った。なにより、審査だからといって、実力以上のものは出ないことも改めて知った。力を出し切れなかったという不甲斐ない気持ちより、今の自分には八段ははるか遠くの存在であることを知った。会場で見上げた日本武道館の天井は本当に高く、高かった。

■今後の八段審査への取り組み

希望は捨てない。希望を失望に終わらせないためにすべきこと

今回初めての受審であったが、今後「八段審査を受けるのか？」と問われると「受ける」と答える。「合格する自信はあるか？」と問われると「まったく。合格できるレベルに到達できてない」と答える。「では何故受けるのか」と問われると「審査は必ず日にちが決まっている。それに向かって剣道の本質を勉強する上でモチベーションが高まり、目標も、目的も生まれるからだ」と。さらに「1％でも可能性があるならば希望は捨てない」と答える。

ここで言う、目的と目標の違いは何かというと『最終的に成し遂げたい事柄』を指す目的に対し、目標とは『目的を達成するための指標のこと』を指す。例えば「八段を取得する」という目的がある場合、そのために「審査に備えて遠間から打つ・間合の取り方を覚える・応じ技など技を多数できるようにする」「その八段を取るために毎日する」というのが目標で、少しでも剣道の向上をめざすなら目的から生まれる目標が必要なのだ。

今回、奈良正幸先生（黒松内）に剣道形を約2か月間、時間にすると合計40時間近くご指導いただき、ビデオでは太田忠徳範士の剣道形の講習会を何十回と観た。これも八段審査の受審があってこそ形の理合《りあい》を集中して学ぶことができたのである。

自分や相手のやる気を引き出すペップトーク「～するな」ではなく「～しよう」と肯定する

■剣道界の不祥事と今後の指導法を考える　高圧的指導で失う５つのこと

ここで本稿のテーマから離れるが、剣道の指導について考えてみたい。剣道の理念は「人間形成の道である」と謳っているが、いま北海道では、残念なことに八段の先生の指導における不祥事が生じた。「木刀で教え子の頭を小突く」という暴力行為である。小突く度合いの強弱はわからないが、「情けない」の一言につきる。「人間形成の道」を真面目に取り組んでいる他の八段の先生には、本当に申し訳ないと思うが、この不祥事が八段としての人間性の格を下げていることは事実である。あの審査で受かる難しさは、何度も言うが並大抵のものではない。かえすがえすも残念である。

八段は剣道界の最高峰であり、皆から師と仰がれる存在であるが故に、人格者でなければならない。そのことを十分に肝に銘じて立ち振る舞わなければならない。

今回の不祥事は、教え子に剣道形を指導した時に、高圧的な指導が過ぎてしまい問題が起きてしまった。今、剣道は楽しむ武道の一つとして、人生を豊かにし、人間力を鍛え、個人の成長につながるツールのはずなのに、怒る指導ではこれらすべてを失わせてしまう。

私自身もそうした高圧的な指導のもとで、小さい頃から稽古を続けてきたので、大人になった今、それが当たり前と感じて子供や若者と接することがある。例えば、私が元に立ち、相手を指導するとき、私自身は高圧的ではないと思っているが、命令語・否定語ばかりで指導していることが多い。それを高圧的に捉えられても仕方がないのかもしれない。例えば「遠間から打て」「左ひじを絞れ」「腰から打て」「何度も教えているだろう」などである。自問自答をして反省しなければいけない。

日本バレーボール協会の益子直美氏は高圧的な指導で失うものとして①主体性②自信③チャレンジ精神④笑顔⑤学ぶきっかけの5つを挙げている。確かに先に述べた指導で笑顔が生まれる人は誰もいない。反省である。

それ故、今、ペップトーク（peptalk）が注目されている。「pep」には元気、活力といった意味があり、ペップトークは自分や相手のやる気、集中力を引き出すためのコミュニケーションスキルであり、自分自身や他者に対するモチベーションアップや、激励のために使われる短いメッセージのことで、もともとはスポーツシーンなどで使われていた。そして今は仕事場でも人を励ます言葉としてペップトークは使われている。

つまり、ポジティブな内容を短くわかりやすく、かつ相手が一番望んでいる言葉で、相手の心に灯をつけることを意識すると効果的なペットトークになる。

①　ポジティブな言葉を使う。

例えば「面を打った後、バンザイするな」とは言わず「せっかく面が打てたのだから残心の姿を見せた方がかっこいいよ。君ならできる」というように、「～するな」とは言わない。「～しよう」と肯定の言葉に変える。人の脳は否定形を理解できないと言われているからだ。

②　短い言葉を使う

長い言葉は内容が伝わりづらく、余計に不安を煽るので、短い言葉で感情に影響を与えるほうがよい。

試合前なら「楽しんで来い」「ゆっくり相手を見て」「ショータイムの始まり。頼んだ」などという。

③　わかりやすい言葉を使う

誰もがすぐ理解できる、普段使っている言葉で伝える。仲間同士の俗語も効果的である。

④　一番言って欲しい言葉を使う

自分が言いたいことではなく、相手が言って欲しい言葉を使う。例えば試合前なら「君ならできるI can do it」。試合に負けた時は「試合内容は良かった。相手をよく見ていたし、打つ機会を捉えていた。今日の負けは明日の成長」

⑤　心に灯をつける本気の関わり方

ペップトークは「相手に本気で成功して欲しい」「絶対に一緒に成功するんだ」といった気持ちと信頼関係があることが前提である。では相手の信頼を得るにはどうしたらよいか。相手を理解する、小さなことに気遣う、約束を守る、誠実さを示すといったことは当たり前のことである。

よって、ペップトークはあくまでテクニックであり、信頼関係が土台である。ある意味では、「何を」言うかよりも「誰が」言うかが重要だ。日頃から自分や相手との信頼関係構築をきちんと築くことを心がけるしかない。

「剣友北海道」（平成29年4月号）の剣声・藤井稔範士の「生涯剣道に感謝」のなかに以下のような記述があった。「剣道は人生であります。その人の人生が剣道に出ます。自分を強く主張すると敵を作ります。位、品格がつけば主張する必要はないのです。剣道は人生の宝物であり、この剣道の楽しさを、良さを後輩に正しく伝承する役目が私たち剣道の指導者の役目です」と書かれている。まさにその通りである。

今は彼も深い反省の時を過ごしていることと思う。私は友人ではないので適切な言葉は見つからないし、ましてや彼にとって役に立つ人間でもない。しかし、彼から剣道を取り上げてはいけないとだけは言いたい。剣道は「人間形成の道」である。今回この「人間形成の道」からは逸脱したかもしれないが、我々が「人間形成の道」をめざすなら許すことも必要である。もちろん相手がいることなので、彼に悔恨の情が無ければ許せないし、礼を重んじる剣道としては再開するにあたっては筋を通す意味でも連盟の承諾を得なければならないと思う。

私はどんな過去があろうとも剣道は続けて欲しいと願う。剣道という好きなことを全身全霊でまっとうして、辛さも悲しみも乗り越えて欲しい。

俵万智《たわらまち》の短歌ではないが、

『「寒いね」と話しかければ、「寒いね」と答える人のいるあたたかさ』

この短歌の如く、剣道している皆が思って欲しいいし、そのように復帰を迎えてあげたい。

北海道神宮養心館道場少年部の稽古風景

昭和の指導法から脱却 褒めて伸ばす方向へ

■なぜ暴力・暴言が生じるのかを考える 指導者の強い感情と傲慢さではなかろうか

今、剣道ばかりでなくスポーツの指導者にも行き過ぎた暴力や暴言が問題となっている。そこで叱りや怒りについて考えたい。言葉の発し方次第で、人の心を掴んだり、相手の気持ちを逆なでしたりといった変化が起こる。教える側は自らの経験値からできるだけ失敗の少ない道を歩んでいこうとするのだが、それに強い感情が入り、いつしか傲慢となり悲しい事件を起こしてしまうのだ。

剣道は竹刀で相手を打突する競技なので、先生が武道における精神論から生徒を叩くという行為のハードルは低いかもしれない。しかし、間違っているのは、それが押しつけになってはいけないということである。良い結果を残そうと押しつけが強すぎるとそれは体罰に発展してしまうのである。

人のライフスタイルは、その人の生まれ育った生活習慣の影響を受けて作られる。生まれ育った家庭環境や、学校での教育、道場の指導がみな違うので、その人ごとに特徴あるライフスタイルが出来上がる。もちろん剣道におけるライフスタイルも同じである。

ライフスタイルには時代背景が大いに関係していることも確かだ。昭和50年までに生まれた人（戦後や高度成長期の時代）は根性物語が一世を風靡していた10代を過ごした。もっと細かく言うと昭和30年（戦後10年）前までに生まれた人は皆が貧乏で自由もない時代を仕方なく生きてきて、自然に耐える力が培われてきた。

私も昭和28年生まれである。当時の剣道界を振り返ると、とにかく剣道人口も多かったし、高校・大学に入ると上下関係は厳しく、先輩からの制裁・暴力は日常的とまではいかなくても度々あり、それを理不尽なものとして扱いはするものの、受け止め方は非常に希薄なものであった。なぜなら、罵声や体罰を受けた本人も「なにくそ…」と指導者を見返すべく、燃えて立ち直り挑む姿勢ができたからである。それ故、当時はそれが何の問題も生じずに通用していた。これらが根底に流れている剣道の青春時代に培われたライフスタイルである。その時代に過ごした指導者は自ら受けた教育のやり方で指導してしまい、今の時代に生きている若者が罵声や暴力によりやる気を失っていることに気づかないのが少なくない。今、剣道界においての暴力などで問題が生じているのはほとんどこのことである。

しかし、近年ライフスタイルは多様に変化しており、価値観にとらわれずに理想の生き方を追求する人が増えている。剣道でいうと、今の指導者が経験してきた価値観と全く異なり、失敗を指摘するのではなく、ましてや失敗を怒ることではなく、子供も一人の人間として認め、敢えて言うなら褒めて伸ばす方向にもっていかなければならないのである。

このライフスタイルの違いを早めに気づかなければいけない。はっきり言えば、昭和時代の背景で指導してはいけないということだ。そういう私も、今まで稽古中にケンカ腰で突いてきたり、力で押してくる者には、打ち込みをさせたり、相手に膝をつかせ、その上に乗ったり、面を取ったりなど力加減を無視した行動を加えてしまったことも過去にはあった。これがいけないとわかっていても身体が反応してしまうのだ。我々の育った環境の一部が自然に出てしまうのである。そして、あとから反省してしまう。もう手遅れだが。したがってこれ以降の文章は私の反省も踏まえて書くことにする。

息子の教育から学ぶ
相手に尊敬される自分でありたい

失敗を叱りたくなる心理はなぜ生まれるのか?感情心理学専門の白鷗大学・湯川進太郎教授は「怒り、叱責は怒る側が尊重されていないという『満たされない』思いの裏返しである」と述べている。つまり、「こうあるべき」という欲求や理想に対して想定通りいかないから、想定外の事態に非難されているとか自分に対する評価が下がると思い込み、それが怒りとなって現れるのだと。さらに「怒りの感情は身近な存在に強く感じる特徴があり、自分と強く関係性がある相手ほど怒りを感じやすい」とも述べている。これも赤の他人なら一瞬で腹が立っても消えるが、実子はじめ家族へは怒りが大きく現れてしまうのだと。

怒る側の人はこれを納得するだろうか?·たぶん、自分は非難されているとか、評価が下がるなどと考えていないので納得しないと思う。本人はその子のことを思い、失敗を正すために、もっと強くするための行為で、親切心や親心から生じた叱りであり、ある意味叱咤激励であると。私もそう思った時期があった。

実は私も失敗した。私の息子を私と同じ医者にしようと勉強を見ていた。学力コンクールでも名前が載るようになった。私はさらに上を狙い息子を叱りながら勉強を課した。しかし、中学2年生になり反抗期とともに一切の勉強を放棄した。私が勉強の楽しさを教えることができなかったからだ。当時は本当に反省した。そのことは私自身の生き方の分岐点だったかもしれない。

彼は高校を卒業し、大学も行かず、お笑いの世界に入った。その後、吉本喜劇、人力舎など点々としたが結局芽が出ず、10年後、当時赤字の祖父の会社に入社した。それから10年経過した今、会社の立て直しに成功を収めている。何故成功したのか?·お笑いの世界で笑いに包んだ話術からの人間関係を学んだことが実を結び、仕事における対人関係の輪が広がって周りの協力を得たことが大きいようだ。本当に人生どう転ぶかわからない。

話を戻す。指導者として失敗が少ない方が、結果が良くなると考えるなら、失敗の頻度を下げる罰を選択するのは自然かもしれない。しかし、他人をコントロールするには限界があるということ。怒りの感情をそのまま表出しても、短期的には結果が得られても長期的にはどうだろうか。自分で考えるような選手は育つだろうか?問題はここにある。

指導者として自分に対する評価が下がることは潜在意識（自覚していない意識）のなかにある（潜在意識は全意識の9割をしめる）それ故、自分の思う通りに行かないと他人を責めてしまうのである。湯川教授も「怒りの増幅にも文化がある。例えばテストで70~80点を取ると欧米では『いいね』と褒めて伸ばし、自尊心を高める文化がある。一方、日本では残りの20~30点に着目し『なんでできないの』といい、ミスを減らそうとする文化です」と述べている。この根底に流れている文化があり、過ちを繰り返さないことを主に考えることから、失敗を叱りたくなるのかもしれない。

では、どうすれば怒りを抑え、相手にいい方向へ導けるのか?皆さんそれぞれの考えがあるかもしれないが、私の考えを述べる。

まず相手が自分に対して尊敬の念を抱かせることが大切であると考える。私の子供時代は理不尽でなければ例え親であろうが、指導者であろうが、多少の暴力を振るわれようが、特に問題視してなかった。何故なら親であれ、指導者であれ尊敬していたからである。今はもちろん尊敬されていたからといって暴力はいけないのである。

では、尊敬されるためにはどうしたらよいか。自分を敬い自分を尊重するように心がけることである。穏やかな自分をつくることにより、穏やかな自信が生まれ、周囲も自分を大切に一目置くことになる。自分の価値は、自分を認めるところから始まるのである。

もう一つは、指導者は生徒とよく話し合い、時には保護者とも話し合って、お互いの意見を交換することである。もちろん感情的にならず、威圧する態度を示さず、目標そのための目的を明確に示しながら話し合うべきなのである。

怒りそうになったとき、まず大きく深呼吸して、清く正しい神様として振る舞う。それでもまだ怒りが収

平成13年、左より父（76歳）、息子拡峰（16歳）、著者（46歳）

まらないのであれば深呼吸とともに瞑想し、神様になった姿を思い浮かべると良い。これは私が長年生きてきた考えである。怒りは至る所にあるのだから。

ここまでの話は皆さんが理解できたと思う。しかし、厄介な大事な問題を定義する。それは脳の老化だ。脳の前頭葉が理性をつかさどっていて10代後半で成熟し、大人の行動ができるようになる。しかし、前頭葉が老化で機能低下してくると、相手の感情を推測する能力が落ちてくる。つまり、人と人が対立した場合、若い時は相手に対して多少のオブラートに包んだ言い方ができるが、老人になるとストレートに言葉を発し、易怒性《いどせい》が強くなり、辛抱ができなくなり、わがままになるのだ。人とともに行動する時はお互いが合わせるように努力することが必要だということは知っているのだが、自分がそれをできてないということがわかってもいない。いわゆる「師弟同行」という事柄からはかけ離れていくようである。

この認識も頭に入れて置かないと、あの先生は思いやりがなく自己本位だということになる。そんなときはこちら側から仕方ない、いつの間にか年老いたなぁぐらいのおおらかな気持ちをもたないといけない。それを人間形成の道から離れていると議論しても仕方がないのである。老人同士のいざこざも、これがほとんどである。もちろん老人になると丸くなる人もいるし、短気になっていく人もいることを付け加えておく。私は後者になりつつあるが……。

「腹が立つとき」は10まで数えよ
「すごく腹が立つとき」は１００まで数えよ
ジェファーソン（アメリカの政治家）

■今後の剣道の取り組み
八段受審ではなく、合格するためには遊戯三昧

「汝、己を知れ」（汝自身を知れ）古代ギリシャのアポロン神殿の入口に刻まれた格言である。当時の賢者ソクラテスも「私自身は知らないことを常としている。このことが知恵に到達するための前提となっている」と。

今回の審査で分かったことは、受かるつもりで受審していなくて、初めての経験のもと自分の成長のためと思い、受審したことだ。これは自分にとっては非常に都合がよいが、本気で受けている相手に対しては多変失礼な行為であることがわかった。「合気」にもならず「理合」のかけらもない、身勝手極まりない私と立合をした相手に対して本当に申し訳ない気持ちである。審査員から暗黙に「もっと勉強しなさい」と怒られているのと同じで、今後は自発的な行動を慎み、まず「合気」を作り、そのなかで自分自身の見えない無意識の攻め、溜めを作り上げていくことが課題であることがわかった。

意識と行動で人は未来を変えることができるのだから。「八段を受審する」ではなく「八段に合格する」ための行動を起こすことにする。合格するための必要な経験を集めるためにも審査にチャレンジしてゆこう。

剣道界最高峰の八段をこれからも受審する者として、「遊戯三昧《ゆうぎざんまい》（禅の言葉で、やることそのものを楽しむ）」のもとに、稽古を怠らず、自らを究めていかなければならないのである。

そこに「八段合格」という目標を持てば、〝今日の稽古はしっかりやる〟という確固たる生き方ができるのではないか。

今後、合格不合格体験記の参考資料として『剣窓』に掲載された「剣道八段審査会（実技）寸評」を全日本剣道連盟の許諾を得て載せることにする。

第一章　審査員の寸評（実技）　太田友康範士（月刊『剣窓』平成31年（２０１９）1月号より転載）

今回も厳しい結果になりました。審査で感じた事を述べます。

一、攻め崩しがない。

二、気迫不足。

三、打突の強度が足りない。

限られた時間で、ややもすると姿勢・構えに気を奪われ手先だけの打突になり、当然、無駄打ちが多く見られました。攻めによって相手の気を動かし、構えが崩れたところを捉え、身を捨てて打ち込む打突が少なかったことを非常に残念に思います。

有効打突である一本を実現するためには攻めによる打突の好機を如何に作るか、昔から剣道は「中心の取り合い」「鎬の攻防」と云われています。常に中心を取ることを意識して普段の稽古で気を緩めることなく、合気になって理に適った攻防を目指して質と量を高めて欲しいと思います。

特に次の2点を身につけるように心がけて下さい。

一、攻防…無理・無駄の技を少なくして、初太刀を大切に一足一刀の間より一拍子の技を出すよう努める。

二、体捌き…腰を中心にした足捌きで、手先のみの捌きをしないこと。

皆様の今後のご精進を祈念申し上げ寸評と致します。

第二章◉八段審査2回目の巻

不合格はさわやかに受け入れよう

理想は栄花直輝選手八段戦決勝の面
ああ打ち軽し、ああ人間も軽しが出る
感性とはなにか
だんだん八段は遠くなる
人間の心の発達は生涯続く

令和元年（２０１９）５月１・２日　京都市体育館

１日目　受審者９０２名　合格者８名

合格率０.９％（47歳・48歳・50歳・52歳・60歳・62歳・64歳・72歳各１名）

２日目　受審者９１３名　合格者４名

合格率０.４％（50歳・51歳・55歳・71歳各１名）

受審2回目、2日目の審査に臨んだ。前回同様一次も通らず撃沈だった。先に述べるが、これは連載ではない。いつかは最終回があるものとして書いているが（笑）。合格者の手記は沢山目にするけれど、不合格者の手記は見当たらない。皆さんも、「他人の不幸は蜜の味」として読んでいただければ幸いである。

八段戦決勝、栄花直輝選手の面に感動
水泳北島康介選手に習う八段合格の記念撮影姿をイメージ

■栄花直輝選手の八段戦優勝
決勝戦で決めた面を審査でも打ちたい

話は審査1週間前にさかのぼる。地元北海道の栄花直輝選手が名古屋八段戦で優勝、その決勝戦において決めた面、何度見ても素晴らしく感動ものであった。

八段戦は気と気のぶつかり合い、お互いの攻め合いから、どこでどのように技を出すのかを見ていても面白いし、ワクワクする。そこで気剣体一致の技で決めると心が奪われてしまうし、ビデオで何度もあの「面」を決めたシーンを再生し、見終わった5分後には竹刀を持って素振りをしている自

分がいるのであった。

「あの面を打ちたい〜」と思いつつ、そして「あのような面が審査で出ないかなぁ」と思いながら、気持ちが高ぶって素振りをしていると、必ず「天井にぶつけるんじゃないよ」という壁の向こうから女房の怒鳴り声が聞こえてくるのであった。確かに天井の至る所に黒い点がある。「はーい」と生半可な返事で返すのだった。

本州に行くと、人から「古川先生、栄花兄弟、佐賀先生の四天王と稽古できて幸せですね」とよく言われる。確かに先生方の顔を拝見できる数は多いが、先生方、稽古では皆さん忙しく、並ぶ人数が尋常でない。幸い稽古ができても一人である。本州の皆様が思っているほど四天王との稽古は常にできないのが現状である。

■審査前の散歩
道警西川君の誉め言葉に有頂天に

審査の2日前、親父の墓参りに行った。父が亡くなり、お墓を立てた。それから審査でも、試合でも、試験でも、難しい手術でも、自分にとって大切なことが迫ると、墓参りにいき手のひらを合わせて心から拝《おが》むようになった。ただ手を合わせて親父の顔を思い浮かべながら「たのむ。見守って」と拝むだけだが、なぜか気持ちにゆとりできるから不思議だ。

墓参りのあと、平和の塔（藻岩山の麓にある白い塔）に愛犬（スタンダード・プードル）を連れて登った。意外ときつく、審査で脚に疲れが来たらどうしようと考えながら、頂上まで行き、思い切り深呼吸し、空に向かい「審査、緊張することなく上手くいきますように」とお願いする。すべてが神頼みである。脚に疲労感を覚えながら、ようやく下山すると、2〜3歳ぐらいの男の子が犬に近づいてきた。犬は大型犬なので「坊主怖くないのか？勇気あるな」と言うと、そばにいたお父さんが「先生」と声を掛けてきた。顔をみると西川圭輔君（道警・元特錬）だった。やはり、八段戦の直輝選手の話題で盛り上がった。最後に「先生の齢で平和の塔に登れたら八段も大丈夫ですよ」など有頂天になる言葉を言われ、ルンルン気分で自宅に戻った。単純な私である。

■審査前日

ルーティンの床屋で京都若旦那風に変身!?

審査前日、京都には午後4時頃に着き、早速ルーティンの床屋へ行った。なぜなら、オリンピック水泳金メダリスト北島康介選手曰く「ゴールでのイメージはタッチ板に手を着いた時ではなく、その後電光掲示板のタイムを見てガッポーズしている姿です。そうでなければ記録は伸ばせない」と言っていた。よって、私も同様に一次・二次審査を通過して剣道形も合格するまではなく、その後の合格の記念撮影においてビシッと整った髪型でガッポーズするまでをイメージすることにしていた。だから床屋に行くのだ。

宿泊ホテル（オークラ）に着くやいなや地下の理髪店へ。そこは個室で、高級感にあふれ、北海道人にはなんとも上品に聞こえる京都弁でお出迎え。田舎モンの私は個室・高級感・京都弁これだけで何も言えず、お任せでドキドキしながら寝ることなく髪を切ってもらい、仕上がりは上品な京都の若旦那風に変身!?。大満足、大満足である。やはり会計は8千円。笑顔をつくり「（やはり高いなぁと思いつつ）ありがとう」と言い、いつも8千円支払っているかの如く態度を見せつつ店を後にした。その後は、近くの美味しいと評判で普通の値段のとんかつ屋でご飯を食べ、直ぐにホテルへ戻った。部屋で剣道形の一人稽古をして（時々木刀の先が天井に当たるので、壊してないか確かめながら）、午後11時頃、ベッドで横になり稽古での指摘や注意点などを書きとめたノートを読むも、5分もしないうちに眠りについてしまった。

竹刀袋に「七転八起」の文字。私は実践できるだろうか？ ああ打ち軽し、ああ人間も軽しが出てしまう

■審査当日

打ち込みを行ない絶好調、絶好調！

審査当日は午前6時に起床。審査は午後からなので朝風呂に入り、体をほぐすためラジオ体操らしき体操をするも、体操の一つ一つの動作に「痛たあ〜、いたぁたったあ」と言いながら年齢から感じる体の硬さを嘆く。朝食後、友人の奈良正幸先生（黒松内）から電話あり、稽古してから審査に臨むとの連絡だった。審査は昼からだったが、午前10時に審査会場へ向かうことにした。

そういえば前回の審査では、会場に着いた瞬間に竹刀袋の肩紐が切れてしまった。嫌な予感がよぎり、その通り不合格になった。今回はすべての着装防具等点検、「大丈夫」と念を押して会場に入る。その瞬間、他人の竹刀袋の文字が目に入った。なんとそこには「七転八起」と書かれてあった。（竹刀袋に書く言葉?!俺は七回も転んだら起き上がれるのだろうか？難しいだろうなあと考えてしまった）

審査会場とは別の稽古会場が設けられていて、奈良先生と落ち合い、面打ちなどの打ち込みだけ

を行なう。竹刀が軽く感じた。今日は調子がいいと思った。山本徳二先生（小樽）とも打ち込みして剣道足の動きができることを確認。絶好調、絶好調である。（密かにほくそ笑む）

■審査開始

合気になって剣先の攻防を心掛けたが……

審査開始直前、受審番号をつけ、面紐を結ぶ。審査前、奈良先生に「面紐がほどけないように水に濡らしておけ」と言われた。しかし、面紐を濡らしすぎたのか紐のすべり悪く、きつく締まらない。今さらどうしようもない。ほどけないことを祈り椅子に座る。さすが審査2回目、前回のように唇の震えがない。緊張はしているがいい感じだ。審査員には全国的な有名な先生ばかり。その中に北海道の鈴木敏雄範士がおられた。鈴木範士の性格から絶対アンフェアな採点はしないのはわかっているけれど、なにかわからないがホッとする。

前回は緊張からか、自己本位の立合をしてしまい、相手にも迷惑をかけた。今回は合気になり剣先の攻防をして打ち切る技を出したい。さあ、いざ私の出番だ。

この歳になると蹲踞するときに、時々膝の安定が悪くグラグラするが、今回の蹲踞は綺麗にできた。立ち上がる、相手が見える。「よし！」。剣先を通して相手と会話しよう。触刃・交刃と攻める。（あれおかしい。相手が剣先の会話を拒んでいるか？）いつの間にか、お互い完全な近間になる。そこでお互いに小手を打つ。バタバタとなる。（なんで、なぜ小手を打つ。打ち切る技はどこに）もう一回仕切り直し。よし。攻める。面を打つ。当たる。しかし、重みなし（私は以前から打ち軽し、人間も軽しと言われている）。もう一度、面。やはり重みなし。次は、次は……と打ちすぎとなる。（私は以前から無駄打ち・無駄口多し）すっかり合気になること忘れているのだった。

二人目とは、渡りの小手・面を打つ。当たる。しかし重さ・鋭さなし。右への返し胴。当たる。やはり鋭さなし・気品なし・打ち軽し・無駄打ち多しで終了である。礼をして戻る。結局、また自分本位の剣道となり、合気になれず溜めもないため、溜めから繰り出す重みある技も出なかった。首をうなだれて席に戻ると「ビデオ撮ったよ」と福田貢君（元岩内・オーストラリア在住）が明るい微笑みのもとそばにやって来る。（その微笑からくる駄目感はわかっているが、彼の気持ちには温情があり、もしかして上手くみえたかなどとかすかな期待を胸に）「どうだった？」と聞くと、「う〜ん」と首をかしげる。「そうだよな」と言い、すぐに着替えた。あの微笑は傷をもつ仲間同士の微笑であったのだ。

しかたない、これが今の私の実力だ。また、胸に入れた葛西良紀の写真に謝る。相変わらず笑っている。（一緒に来たかったなあ）

二次審査を拝見する。北海道からは田中副生先生、松井大介先生が一次通過。やはり当たり前の人が一次を通る。二次審査間際、松井先生と廊下ですれ違い「頑張って」と背中に手をあてると、新しい道着に着替えていたことが分かった。さすがである。二次の準備もしているのであった。私はもちろん今回、道着を一枚しか持っていかなかった。確かに、たかが二人の立合であったが、汗は道着に浸みるほどかいていた。八段審査の心構えの重みを感じた。次回は用意しよう。

二次審査が始まった。松井先生は一人目勢いあり、姿勢良く技も品格あり光りを放っていた。(よし)しかし、二人目なぜか打ち切れない動作も多し。(もったいない)田中先生は一人目、二人目ともに攻め切れず、得意の小手も生かされなかった。最後に放った面が最初に出ていればと……残念である。

だんだん八段は遠くなる
一本一本相手の心を打つ技が必要と実感

■審査後

審査員の大変さを思う

今回感じたことは、八段は七段の延長線にあるのではないということ。そこには七段にはない「格」を求められていることがわかった。その「格」とはなにか。一本一本相手の心を打つ技が必要である。

重み・鋭さ・品である。故にだんだん八段ははるか遠くに感じた。

もう一つわかったことは審査する側も大変であるということ。一次審査だけで1時間半から2時間、姿勢崩さず、口も開けず、受験者を凝視。10～15分の休憩後、また1時間半～2時間など一日、合計6～7時間近く。しかも、特に65歳以上のその半分以上はあまり上手ではない。いわゆる「下手」な立合を見なければならない。一次も受からないお前がなにを言うか、とお思いでしょうが、私自身、自己判断すると、一次受かった人が上の上、中だとすると、大体私は謙遜して中の中ぐらいで下手ではないと思う。これに関して、文句がある方は、心の中だけで軽蔑の念を抱いてください。そのことを本人には決して言わないでいただきたい。

さて今回の結果をみても60代の合格者は誰もいない。たまたま、今回の審査において下手が集まったのかもしれない。こんなこと八段に合格したら書けない。例えば、あれほど口酸っぱく言われている着装の乱れ（面紐の長さ、面紐の左右差、袴の位置）、蹲踞の不十分（半立ちで竹刀を納める）、掛け声なし、残心がないなど本当に八段受けに来ているのかと言いたくなるのである。そんな人も審査員は目を凝らして見なければならないのだから、これほどつらいことはないと思う。受審者はまず審査員に見てもらうことを忘れてはいけない。

■審査後の夜

感性とは何か。藤井先生の趣味は四季折々の花の手入れ

不合格の当日の夜、奈良正幸先生、小澤正之先生（留萌）と3人で慰めの会及び新たな決起会のもと飲み会の予定だったが、急きょ藤井稔範士、小高終八郎範士、鈴木敏雄範士、武田牧雄範士と合流することになった。北海道の重鎮4人の先生方と一緒にいるだけで緊張するのに、なんと食事とは。今日は緊張の連続だなぁと思いつつ、藤井範士が予約していた居酒屋へ。先に範士の先生方が座られていたが、なんと左側に一列で、右に私達3人だ。（ここは面接会場か？それとも面接試験？）これで和やかな酒席になるのか?不安を抱きながら宴会は始まった。

範士の先生方は、皆さん個性的で独特な雰囲気をもっておられる。酒の杯が進むにつれ、酒の力は偉大で緊張がほどけて和やかな雰囲気で会は進み、範士の先生方が好々爺に感じてきたのだった。しかし、誰一人として私達3人に審査の結果に対して慰めの言葉もなければ、叱咤激励の言葉もなかった。そんなことで萎《しお》れてはいけないと思い、腹の底から笑い、私自身お酒は強くないが、ぐいぐいと日本酒を飲んだ。酔いが回るのが早かった。二次会は3人で行き、審査の話をしながら、今度はお互いに慰め合った。さらに日本酒を飲んだ。もちろん翌日は二日酔いだった。

余談だが、翌日、武徳殿での演武が決まっていた。なんとか会場に出向き「(二日酔いで）体調すぐれなく取りやめてもらう」ことをお願いした。（トホホ、情けない）帰りの京都から大阪伊丹空港行のバス、札幌行の飛行機の中、酔った世界で動いていて、よく札幌に戻れたもんだと感心している。

その酒席で藤井先生は「感性を磨くことが必要だ」と言われた。感性とは感ずるがまま？酒席では意味がよくわからないまま頷いていたが、ホテルに戻り「感性」とはなにか？を考えてみた。PCで調べると『感性とは、何かを見たり聞いたりした時に深く心に感じ取ることや、感覚的に物事に対して感じていること。人の気持ちを感じる力や場の空気を読む力、芸術性やファッションセンスなども感性の一例として挙げられる』と書かれていた。さらに『充実した感性を持っている人は、四季の移り変わりに感動したり、感じたインスピレーションを形にできたりと、とても素敵な魅力を持ち合わせています』と。藤井先生は自宅の庭の四季折々の花の手入れが趣味。なるほどである。

では、これを剣道に例えてみたい。今回の八段戦における栄花直輝先生の見ごたえのある面を見て感動し（感受性が強く刺激され）、試合を見て間合の取り方、打つ機会など自分の心に深く感じたときに感性が発揮されるということではないのか。

また、我々は礼節・稽古中でも相手の礼の仕方、声の大きさ、足さばきなどから面金越しの相手の表情が見えなくても感情が読み取ることができる。これが感性である。感性を養うことでいろいろな相手の動きが見えてくるはずだ。また人の優しさにも気づくはず。年を取ると鈍くなりがちな小さな出来事に気づく力を取り戻すことができるかもしれない。

今後はいろいろなタイプと稽古して感性を磨き、自分の体が自然に対応できるようにしなさいということかもしれない。そういえば私は苦手な相手とあまり稽古しないようにしてきたので、これも克服しなければいけない。

吉田松陰の言葉「人は志と仲間で成長する」を信じて

■目標と覚悟

心の発達を生涯続けて、輝いている自分を見たい

前述した四人の範士の方々は、若々しく今も稽古と指導をされている。私も年齢を重ねることで、先生方の意見や注意が素直に入るが、身体的な動きはついていかなくなってきた。よって体力を加味しながら、新たな目標を定めては自分を追い込んでいく。これがまた楽しい。年齢と経験を積み重ねることにより、自分の視野は広がり、人間としてのバランスが良くなった感じがする。目標や生きがいは人を若々しく見せるのだ。

スポーツ心理学者キース・ベル氏曰く
「我々は目標がなくても生活はできる。しかし、目標は人生に骨組みを与え、集中力を高める。目標が高く、しっかりしているほど、追及の値打ちも高まるのだ。目標を追求するときの夢中さは、心から人生に従事させ、気持ちよく目的に打ち込ませ、充実感を味わわせ、そして価値ある人生をもたらし、全てに糧（かて：活力の源泉）を与えてくれるのだ。
しかし、貴方はやることをやったかのように見せかけて、手を抜いたことはありませんか？成功に近道などありません。格好つけるだけではなく、何よりも目標に向かうことが大切なのだ。見せかけは単に成功の幻覚にすぎない。結局は覚悟を決めてやるしかないのだ」と。
ある年の高段位講習会で藤井稔先生が六・七段受審者に「皆さん、覚悟ができていますか」と言われた。当時七段受審する私は受審の覚悟だと思っていた。心の中で（はい、もう名古屋行の飛行機、ホテルの手配は済んでいます）と。今思うとまったく違った、ほんとうに口に出さなくて良かった。馬鹿な私をひらけ出すところだった。（恥ずかしい）
「目標を立てたなら、断固たる決意のもと、一心不乱に〝すべきこと〟を行なってきたか。そのうえで『覚悟はできましたか』と言うことになる。今の私では「八段になる」「八段を取る」という目標に対する理解（八段としての位）と覚悟（八段になる決意）がどれくらいできているのか？考える必要があった。

八段合格者や優勝者の顔は、達成感ともに輝いているのがわかる。もし私に輝くときがあるなら、それはやり切った時である。理想的な試合が出来たときの喜びもさることながら、努力して工夫した技が決まった時の清々しさは最高の快感である。

是非、八段を手に入れた瞬間を味わいたい。輝いている自分が見える。そのためには自分と闘うことが大切なのだ。その努力を惜しまないことを誓う。

一念発起は誰でもする
努力ならみんなする
そこから一歩抜き出るためには
努力の上に辛抱という棒を立てる
この棒に花が咲く

桂小金治（落語家）

■全日本医師大会とねんりんピック予選

うぬぼれている自分を知る

5月16日、京都審査の2週間後、全日本医師剣道大会が我が母校東京医大で行なわれた。

大学ＯＢによる団体戦が組まれ、私は東京医大Ｂチームの大将となった。やはり団体戦は面白い。適当に組まれたメンバーなので、皆そのポジションの役割はあまり考えていない。とにかく「一本取ってやる」と意気込んでいる。戦略はない。これまた、面白い。この大会ならではの試合である。医者はどちらかというと自己肯定感が強い人間の集まり。私は私で「この中で一番稽古数は多いのは私であろう。勝つしかない」と考えている馬鹿である。結果は準優勝。良い思い出になった。

さらに２週間後、札幌にて高齢者剣道大会、これはねんりんピックの選考会を兼ねているので、これは絶対優勝したいと意気込んでいた。３回戦で優勝候補の１人を破り、もう優勝の文字が頭に浮かんでいた。しかし、準々決勝でなんと延長で反則による一本負け。１回目は試合中、無意識に中結いを直して。２回目は場外反則。「情

令和元年、母校東京医科大学の全日本医師剣道大会にて

けない」の一言だ。八段どころではない、きちんとした試合が出来ない男が八段を受ける資格はない。

そう言いながら、2週間も経てばそのことは忘れているから不思議なものである。

■最後に

失敗を重ねながらも八段への道を歩んでいると思おう

登山家・医学博士の今井通子氏曰く『失敗』には二つある。一つは、自分が努力していなかったか、状況がつかめずに努力しきれなかった場合。これは悔いが残るけれども、それをなくすためにもう一回チャレンジすればいい、もう一つ、自分の力が到底及ばず失敗した場合、これはさわやかに受け入れていいのでは」と。私は否応なく、さわやかに受け入れることにした。

私もこのようにいつまで続くのか、わからない「不合格体験記」だが、その失敗を重ねながら、試行錯誤しながら、少しずつ自分の道、八段への道を歩んでいる途中と思っている。

人間の心の発達は生涯を通じて続いているそうだ。心が老いないためにも、八段審査に挑戦し、いつか生涯発達の成果を合格という言葉で表現したいものである。さあ、早く最終回が来ることを願い、明日からまた皆さんに胸を借り、11月東京の審査に向け頑張ろうと思う。今度は道着一着を持っていくので無駄にしないよう一次だけは通りたい。

吉田松陰の言葉「人は志と仲間で成長する！」を信じて。

そして不肖わたくし池澤清豪の言葉「審査後、微笑をもって近づいてきた友人を見たら自分は落ちたと思え」。おあとがよろしいようで。

第二章　審査員の寸評（実技）　梯 正治範士（月刊『剣窓』令和元年（2019）6月号より転載）

平成から令和へ御代替わりの5月1日・2日にハンナリーズアリーナ（京都市体育館）で剣道八段審査会が実施された。合格率0・7％と例年通りの厳しい結果に終わりました。難関を突破され見事合格された方には、祝意を表すと共に更なるご精進を祈念いたします。

私は第一会場を担当させて頂きましたが、確かに気力、体力に任せて一方的に打って出る者が散見され「中心を攻める、溜める、乗る、崩す」と言った、技に移る前の、気の働きが欠けているように映った。攻防一如・懸待一致の剣が、影を潜め、有効打突が出たと思うと、次は相手に何もできずに打たれる。これではお互いに評価されません。僅か2分の立会、一本を大事にしたいものである。

今回、残念な結果に終わった受審者の皆さんは、全剣連の「称号・段級位審査規則」と付「称号・段位審査実施要領」に、審査の方法・着眼点が記されていますのでこれを参考にし、審査の反省と一層の研鑽を祈念申し上げ寸評といたします。

第三章◉八段審査3回目の巻

次回は審査員の魂を揺さぶる気根で臨むと決意する

審査員の心を打つ有効打突を求めて
独自に編み出した三つの作戦とは
「この馬鹿もんが」という神の声
先生方の言葉を咀嚼する方法は
できるまでやり抜く力を

令和元年（２０１９）11月28・29日　東京・エスフォルタアリーナ八王子

１日目　受審者８６６名　合格者３名

合格率０.３％（48歳・51歳・54歳各１名）

２日目　受審者１,０１４名　合格者４名

合格率０.４％（48歳・49歳・60歳・68歳各１名）

66歳、八段審査3回目の挑戦である。2日目に臨んだ。もちろん?撃沈だった。合格者の手記はタメになるが、不合格者の手記は全くタメにはならない。それ故、皆さんもタメにはならないことをご承知のうえ、〝他人の不幸は蜜の味〟として読んでください。

ラグビー日本代表に感動する審査員の心を打つ有効打突を求めたい

■審査1か月前
スポーツ観戦で感動すると無性に素振りしたくなる

話は審査1か月前にさかのぼる。ラグビーワールドカップ2019での日本代表の活躍には日本中が湧いた。準々決勝で南アフリカと対戦し、3―26で敗戦を喫したが、その堂々たる戦いぶりは世界中の称賛を集めた。そして、皆さん口々に「両チーム共素晴らしかったし、最後まであきらめずに頑張った日本の選手たちに勇気をもらいました」と。惜しくも準決勝には進出できなかったとはいえ、史上初の8強入りを果たした。

皆さんも私同様、すべての対戦に期待、緊張、不安、全てが入り混じり、瞬きすることさえ忘れて見入ってしまったと思う。なぜルールもよくわからないラクビーに夢中になれたのか。それはラクビー精神の〝前へ前へ〟と何があっても前進する、チーム一丸となって情熱的に戦う姿に感動と勇気をもらったからである。

その感動はどこから生まれるのか?·それは彼らの魂の強さからだ。彼らのその強さは毎日毎日の鍛錬で魂を磨き上げていったからこそ生まれてくるのだった。立ち向かう課題に対して、一日一日の積み重ねをしなければいけないのは私たちと同じだが、次元が違う。彼らは観ている人の魂を揺さぶるぐらいの気根をもって取り組んでいる。応援する側にそれが伝わり、試合を観ている間に、応援する側が応援される側になって感動や勇気をもらう。〝魂に感動した時は、自分も強くなるチャンス〟と誰かが言っていた。

私はこのラグビーに限らずあらゆるスポーツで感動すると、心が高ぶり無性に竹刀を持って素振りがしたくなる。すると、それを察知した女房はいつものように「天井にぶっけるんじゃないよ」という鬼のような声が聞こえてくる。それ故、せっかく盛り上がっている心は、ビクつく心へと変化し、強くなるチャンスを失っていくのであった。我が家の天井の黒ずみの点(竹刀の先が天井に当たるため)を見ると女房に怒られても仕方がない。

剣道でも感動を受ける試合は沢山あるが、ワンチームとして戦う中では、世界選手権大会での試合（特に決勝戦）は自然に感動をもらう。候補選手は事前に国中から30人前後選ばれ、３年間の合宿のうちにどんどんふるいにかけられて最終的には10人ほど残る。そして日本の伝統文化の剣道を日の丸を背負って戦い、勝たなければならない。

このプレッシャーは我々が計り知ることはできないが、試合する選手一人ひとりの魂の強さが伝わってくるのだった。そして試合が終わり、私たちもホッとし、そして大将が面を取って重圧から解き放された笑顔を見せたとき、私たちも胸が熱くなり自然に涙が出る。もらい泣きである。２００３年英国グラスゴー大会での大将・栄花直輝選手の時も、今回２０１８年の韓国戦での大将・安藤翔選手の時も、両選手共に北海道出身という身近に感じる人だけに、よけい強く感動した。私の顔は涙と鼻水でグシャグシャに。いい試合、本当にいい試合だった。

八段審査も審査員を感動させる?とまでいかないにしても、心を打つ有効打突なしに合格はあり得ない。以前は1％と言われたのが、ここ最近は0.5％前後である。七段審査は年３回・合格率12～14％前後なのでどんどん八段受審の人数が増えてきている。５年前は１５００人前後だったが、最近は２０００人前後が受審し、さらに1％以下の合格率である。「八段を神的な位置に据え置きたいのか」あるいは「最近の剣道家は下手くそなのか」どう捉えたらよいのか。これも下から吠えても無駄な労力で、八段に受かれば、その答えが見えてくると思うのだが、果たして……。

1回目「はったり」で撃沈。2回目「攻撃は最大の防御なり」で撃沈 今回は「棚からぼた餅」でやはり撃沈

■審査大作戦

毎回独自の作戦を編み出すも……

今回で3回目の受審だが、そのたびに作戦を考えてきた。1回目は、どうせ合格はしないので「はったり作戦」とした。それには先ず〝構え〟だ。とにかくかっこいい、八段と思わせる構えづくりを研究した。構えは非常に良くなったが（あくまで自己採点）、背筋を伸ばすことを意識しすぎると脚の運び、腰からの打つリズムが取れにくく、全身が硬くなり、スムーズな打つ動作に結びつかないのが欠点だった。よって審査員、相手に対しては、構えだけ自称八段の「はったり作戦」を決行することにした。やはり、初太刀の面は、相手の面の前で空《くう》を切った。

2回目は「攻撃は最大の防御なり作戦」。六段・七段の受審の際も、どちらかというと攻めては打って、攻めては打って打ちまくっての一発合格だった。また八段の合格者のなかには、時に打突の多い人もいるので、私もその一員になりたく、一次審査も普段通り打ちまくれと思い、六段・七段同様「打って打って打って打ちまくれ作戦」を決行。しかし、八段の審査会場では攻めもなければ溜めもない「打って

打って打ちまくれ作戦」となり、滑稽の一言に尽きるのであった。

そして今回。そうはいっても八段を受審するのだから、七段取得後この12年間の稽古は年間150〜180回は続けてきた。今年に入り171回目を数えての受審である。しかし、5月の京都の受審以来、気力が、集中力が、「ガタッ」と音を立てて崩れていくのを感じていた。この気力の低下はやはり年齢から来るものなのか、それともあまりにも剣道技術が低いせいなのか、とはいえ「やらなきゃいけない」と奮い立たせるも、身体が休む方向に動いてしまうのであった。しかし、八段を受ける者として普段の稽古だけは行くようにし、混沌とした心の中でなにか私に合った技、磨くべき点を模索したものの回数は多いが中身は充実したものではなかった。

いろいろな先生に指導を受けた。山城宏惟先生（月曜・養心館）・武田牧雄先生（火曜・南区）・小高終八郎先生（登別に出稽古）、古川和男先生（養心館）にも、岡嶋恒先生（朝稽古）にも皆さんは同じことを言われる。「まっすぐ打て、横に体をさばかない」と耳にタコができるほど言われ、自分なりに工夫して稽古をつけてもらうも、後半には自然に体が横に逃げてしまうのであった。悔しいけれど、もう少し時間をもらい、必ず直さなければならない。審査前にも同じ八段審査を控えている、且つ八段審査での一次に何回も合格している田中副生先生（倶知安）、高井雅一先生（江別）と稽古したが、打ちの力強さ・機会の捉え方などすべて何倍も彼らが優れていた。よって、まっすぐ打てない・気力の薄れたヨレヨレの私が八段には合格できるはずがない。そこで今回は、もしかしたらの期待を込めて、まさかの希望をもって「棚からぼた餅作戦」に決めたのであった。

自分を過大評価してしまう
試合形式の審査で風格失格

■審査前日
恒例の床屋へ。整った髪型で記念撮影をイメージするも……

審査前日。羽田に午後5時到着。八王子行に乗るためバスターミナルへ。ところが、な、な、なんとバスは今出たばかり。残念。次のバス出発まで2時間30分あるとのこと。ならば床屋に行こう。私は審査前必ず床屋に行くからである。なぜ床屋に?オリンピック水泳金メダリスト北島康介選手曰く「ゴールでのイメージは最後にタッチした時ではなく、その後電光掲示板のタイムを見てガッポーズしている姿です、でなければ記録は伸ばせない」と。よって、私も同様に一次、二次審査通過して最後の剣道形を合格するまでではなく、合格後の記念撮影において整った髪型でガッポーズするまでをイメージしているからである。

今回は「棚からぼた餅作戦」なのに、バスを待つ間にカツカレーを食べて一服していると、ちょうどバスの出発時間。防具を担いでいる人も沢山いた。午後9時30分、ホテルに着く。早速風呂へゆっくりと入り、酎ハイを飲みながら諸先生の言葉・助言を書き写したノートを見ながらベッドに入るも寝つけない。飛行機やバスの中で十分寝てきたのだから当たり前と言えば当たり前。もう一度起きなおし素振り・剣道形をする。審査当日の午前2時近くなってようやく就寝できた。

■審査当日

受審番号459B、Bは私的には最高のポジション

審査当日。午前8時起床。その間、3回ぐらい目が覚めトイレ2回（最近、夜中にトイレ行く回数が増えている。忠告：夜中に3回以上の場合は前立腺肥大の可能性もあるので病院へ行った方が良い。高血圧・糖尿病なども多尿の原因である）。風呂へ入り、朝食を摂った後、ゆっくりと体操をする。10時半にホテルを出てタクシーに乗る。

前日、奈良先生から電話があり、タクシー代はだいたい二千四百円ぐらいと聞いていた。乗ったタクシーの運転手さんは行き先を告げても会話はなく、やけに道幅の狭いところばかり行く。近道を走ってくれているのか（性善説）、それとも道を知らないと思って遠回りしているのか（性悪説）と頭のなかで交差するのだった。

メーターが二千四百円を超えた。二千五百円、二千六百円、二千七百円と上がっていく。しかしまだ走っている。小心者としてはなんと声をかけていいのか?迷う。それらしき体育館が見えてきた。料金は二千八百八十円と微妙な金額だが、八百八十という末広がりと感じ少しだけ気分を良くして会場に入る。

会場に着くと、周りの雰囲気から身体に徐々に緊張感が漲ってくるのを感じる。受付を済ませて受審番号459Bをいただく。Bは私的には最高のポジションだ。なぜなら初めてお相手する人ばかりなので、先に相手を見ると作戦は立てられるが邪念も入る。さて、ここで私見だが順番的に良いのは次がC、その次がD。DはCもAも見られるものの集中力を持続させなければならない。最後はA。Aはさらに時間差があるので集中力の持続が問題となる。合格率もAが少ないようだ。

■審査開始、終了後「この馬鹿もんが」という神の声

いよいよ私の出番となる。審査員に北海道の人はいない。濱崎範士?(大阪府警?警視庁?確か小手・面の連続技が得意)がおられる。ならば私も渡りの小手・面を打つべきか?などと考え始めると…立会の「はじめ」の声。「イヤッ~」と肚からの気合を出す。相手がたじろいでいるのがわかる。「来るなら来い」と身構えると、相手が動く。次の瞬間、私の出頭面、初太刀がバックリと決まった。(思

わず顔がほころぶ）あとは落ち着いて。

しかし、1分すぎても相手が落ち着かない。中心を取ろうとするも相手は関係なく入ってくる。合気ができない。1分30秒頃、私が審査員に背中を見せる形になったので、間合を遠間に取りながら審査員によく見えるように回り込むと、相手は勝手に縁を切り竹刀の先をおろし、もう終わったかの如く開始線に戻ってしまった。隣の会場の「止め」が聞こえたのか？「はあ〜」である。合気を意識して縁だけは切れないよう意識したのにもかかわらず、こんなことになろうとは。まだまだ相手に対して合気になろうとする魂が培われていないのである。その後、相手もまだ時間でないことに気づくも、お互いに集中力は切れていた。最初の有効打突二・三本にて終了。

二人目はきちんと構えができている。「よし、火の玉になって行くぞ」。初太刀はお互いに面。どちらも決まらず。あとはよく覚えてないが、気の攻め合いは薄く感じた。面返し胴は取られた。最後に小手・面の連続技が決まる（但し、いつものように横に捌く形となる）。「棚からぼた餅作戦」のわりには手ごたえがあった。

終了後、古谷和之先生（倶知安）が「ビデオ撮ったよ」と来た。そして「良かったよ」と言ってくれた。ワクワクドキドキしながら着替えることなく審査発表を待った。さあ、待ちに待った発表である。だが「459B、459B」の番号はどこにもなかった。二度見するも、やはりなかった。期待していただけにガーンと落ち込んだ。

審査に落ちただけだが、どの試験や審査においても不合格の烙印は、なぜか人間性まで全否定されている気分になるのは私だけだろうか。

今回は「棚からぼた餅」作戦が失敗と思うと、なぜか少し気分が楽になった。

そこに突然、神の声が聞こえた。「この馬鹿もんが、なぜ落ち込む?落ち込むということは、それはお前が自分のことを過大評価しているからだ。一人目は相手を甘く見くびって自分勝手の剣道をしたからではないか。二人目は自分と同じレベルだと判断し、打ってやろう。当ててやろう。試合形式になり風格なんてまったくなかったからではないか。再度『この馬鹿もんが、反省しろ』」。ウーン、わかってはいるが、今しばらく、そのことは心の中で封印させることにした。

剣道も教育も三磨の位を実践した林滿章校長が八段合格 習う（予習）・稽古（授業）・工夫（復習）すること

■林滿章先生の一次審査

まるで神が舞い降りたかのようだった

今回、北海道から林満章《はやしみつあき》先生が合格された。一次審査を拝見したが、気の張った堂々した立合であった。林先生はAで、Bの人に対しては五・六本と打つ中で、初太刀も取れば後の四本も有効打突、相手を完全に遣っていた。次はD。間が空いていたにもかかわらず集中力は途切れていなかった。Dは構えからも強そうだった。最初の1分は相手を探り合う立合だったが、初太刀は相面となり、後半に林先生の面返し胴が決まってからは林先生の剣道が変わった。神が舞い降りたかのような立ち振る舞いであった。やはり、一次審査は合格だった。その一次合格者の番号の書かれた紙が壁に貼られたとき、先生は「よし」と気合の入った声を上げた。その姿はすでに二次合格のオーラが伝わってきた。二次審査は拝見しなかったが、あとで「合格」と聞かされた時も納得できた。

私が林先生の存在を知ったのは、今から20年前。当時、私は五段（46歳）で1月に行なわれた北海道六団体剣道錬成大会に出場。初めて警察特錬の人の試合を拝見し、技の速さや強さに心を奪われた。その試合の中で特錬の児玉智選手（上段）と林選手が対戦。児玉選手はタイミングを取りながら鋭い面を武器にしている。それにどんな対応するのか、興味津々で見ていると、児玉選手の面が打ち放したと思いきや、なんと逆胴で応じたのだ。「バキッ」という音とともに審判の旗が一斉に上がった。「ス・ゴ・イ」の一言。その逆胴の格好よさに一目惚れの私は、当日から稽古に逆胴を取り入れた。そうしたらいつの間にか私自身が逆胴が得意技の一つとなった。だが、手首の柔らかさなど林先生とは次元が違うので、未だに上段からの面に対して逆胴を打つことはできない。

その後、林先生と初めて会話したのは、去年の高段者指導講習会の時だった。足寄高校から札幌東豊高校に赴任したばかりであった。その際、先生の文章をネットで見て感激したことをお伝えした。

以前、インターネットで剣道に関する事項を調べていたときに「三磨の位」で「平成28年度足寄高校　学校だより（第8号）」がヒットした。次にその内容をご紹介します。

「このたび、札幌手稲高等学校から本校に着任しました校長の林満章です。足寄高校21期生、教員としてのスタートの地でもあり25年ぶりに戻ってまいりました。本校へ着任しましたことを大変光栄に感じています。


—中略—


私は、小学4年生からこの町で剣道を始め、今現在も健康と体力・気力増進のために稽古を続けています。剣道を学び心の支えとなっている教えがあります。

柳生流の『三磨《さんま》の位《くらい》』という教えです。剣道には『習い』『稽古』『工夫』の三つの要素が大事であり、これを一体的に練り磨かなければならない。これを三磨の位と言います。具体的には「先生方に積極的に教えを受ける機会をつくり、習ったものを稽古し、自分で工夫することで実力がついてくる」というものです。基本稽古は単純な動作の繰り返しですが、打つまでの攻めや間合い、機会を意識しながら行うと楽しみが出てきます。この基本をベースに互格稽古で自分の身に付けたものを試すようにすれば課題も見えてきます。

学業も同じことだと考えています。「習う」「稽古する」「工夫する」の教えは、「予習する」「授業を受ける」「復習する」にたとえることができます。この一連の流れ、地道な努力の積み重ねが人を育てると考えています。

生徒の皆さんには、日々の学習活動を大切にして自己の学力向上に努めることは勿論ですが、部活動をはじめ様々な学校行事に積極的に参加し、豊かな感性と強い精神力を養ってほしいと思います。皆さん一人ひとりが、足高生としての自信と誇りを持ち、志を高く掲げ、新たな歴史の一ページを飾ってくれることを心から期待しています。―略―」

どうです。素晴らしい文章でしょう。そのことを初めてお会いしときにお話した。

もうひとつ林先生のいい話がある。今回の八段審査に結び付いたのかも知れない。これも「足寄高校　学校便り」の一文である。

『4月始業式での話を覚えていますか。「世の中には2種類の人間がいるんです。できない理由を探す人と、できる方法を探す人」どちらの人になりますか、という話です。できない理由を「探す」か「考える」か。この4ヶ月間を振り返ってみていかがですか。「言い訳が多かった」「できる方法を少し考えた」…どうですか』―後略―

いやあ、まいった、まいった。心にグサリとくる言葉である。今までの作戦が打ち砕かれる言葉で、恥ずかしい限りだ。ともあれ、「林滿章先生　八段昇段おめでとうございます。」

激励をしてくれた人、自信を持たせてくれた人、支援を与えてくれた人　私の人生はそういう人たちに支えられている

■剣道を始めたのは小学生５年生

高校生で剣道をやめようと思ったが、同級生の励ましとコノヤロ～精神

「追い求めているものを、すべて手に入れることはできない」ことを、子供の頃から思い知らされてきた。昭和30年頃の紋別（オホーツク海に面した町、流氷の街、当時人口は4万人）において皆が貧乏で、田舎らしい生活を送っていた。スポーツは野球か剣道だけ。それでも防具はお金がかかるので、剣道ができない子も沢山いた。もちろん私も防具は分割払いで買ってもらった。

私は小学5年生から剣道を始めたが、同じ同級生の子は小学1年生から剣道を始めて、5年生、6年生と全道大会で抜きんでた成績を残していた。当時は剣道人口全盛期であり、我が紋別剣道道場でも小学生だけでチームはAからHまであった。毎日稽古で、小学6年生の夏に私はDチームの大将

になった。Ａチームはすべての大会に優勝。昭和40年全道大会でも優勝し、３月の水戸の大会（第７回全国少年剣道錬成大会）に初めて北海道からに出場することになった。

青函連絡船に乗り２日かけて水戸に着いた。（はるばる行ったぞ水戸まで）小学生団体には１０８チームが参加、我が紋別からは３チーム出場した。私はＣチームの大将になった。Ａチームはここでも初出場で全国３位の成績を遂げた。中学に入り、２年生にはＢチームの大将やＡチームの補欠で登録された。夏、補欠のまま日本武道館における第２回全日本少年剣道錬成大会の中学部門で優勝し、小学生のチームも３位に入賞した。その小学生チームの中に現在、俳優の長谷川初範氏がいる。彼はこの時、最優秀選手賞をいただいている。

私はいつも試合には出ないまま我がチームは優勝していた。それ故、優勝しても心から喜べないのであった。

小学6年生の時、水戸大会に出場した

著者の故郷紋別市はオホーツク海に面している。
中央手前の三角屋根の建物が紋別武徳殿（平成15年8月撮影）

「Aチームは皆小学1年生から稽古しているのだから、しかたない」と自分に言い聞かせて、悔しい気持ちを封じ込めていた。しかし、友人にはそんな顔を見せられない。ニコニコして写真に収まる。今、その時の補欠で頂いたメダルは手元にない。捨てた記憶はないが、いつの間にか無くなっていた。

高校は函館ラサールも勧められたが、仲の良い友人と剣道ができる地元の紋別北高校へ入学した。残念なことに、指導する先生がいなくて、学校ではなく道場での稽古を余儀なくせざるを得なかった。ほぼ生徒同士での稽古となった。2年生になると高校生でのお互いの稽古ではマンネリ化となりメリハリがまったくなくなった。それ故、毎日稽古に参加する人数が限られてきた。

あの小学生、中学生で全国を制覇した5人中の2人は高校が異なった。残り3人のなかの葛西だけは真面目に稽古を続けていたが、あとの2人は試合前だけ稽古にくるという感じであった。だが、試合になると必ずこの2人は選手として選ばれ、毎日稽古している私はいつも補欠であった。高校では正選手になれると思ったがなれなかった。たまに試合に出ても勝たねばならないという緊張から、なかなか勝利に結びつくことはできなかった。本当に強くなりたいと感じたのは、この頃だと思う。

また2年生の夏が過ぎ、ようやく選手になりかけの頃、ある先輩から生意気だと言われ、顔を殴られて腫れて面がしばらく着けられなかった。本当にこのとき剣道をやめようかと思ったが、同級生の励ましと「コノヤロー」精神で続けることにした。

ようやく選手になれたのは3年生だった。ところが地区予選を勝ち、全道大会の出発前日の夜から熱が出て、当日の朝は39度の高熱と全身のだるさ（今思えばインフルエンザに罹患したのだろう）で札幌行きの出発を断念。布団の中で泣いた、声を出して泣いた。

私は一人っ子だが、両親は放任主義である。剣道の試合は水戸の全国大会にだけ母親は付き添ってくれたが、地元で試合が行なわれても見にきてくれることはなかった。父親は私の試合を見たことはないと思う。勉強に関してもどこの大学に行ってくれと言われたこともない。だからと言って、両親を恨んではいないし、違ういろいろな面で尊敬している。

要するに何を言いたいか。66歳になってわかったことだが「やり抜く力」を持っている鉄人たちは、誰も皆、賢明な父親・母親に育てられたのではない。しかし、必ず人生の中で「誰か」に出会っていた。絶妙なタイミングと適切な方法で彼らを導き、目標を高く持って頑張るように励ましてくれた人に出会い、そして何よりも必要だった「自信」を持たせてくれた人、「支援」を与えてくれた人にも出会うのである。高校時代、それは親友葛西であり、担任の赤井之明先生だった。

高校担任の言葉が励みに
「勉強で失うものは何一つない。がむしゃらに努力してみるか」

昭和48年、２年浪人して東京医科大学医学部に入学した。高校時代の成績からは、私は医学部に入れる成績ではなかった。高校３年生のときに担任の先生に相談すると「勉強で失うものは何一つない。がむしゃらに努力してみるか」この一言であったが、自信と支援を頂いた。私は頭のどこかでスイッチが入った。「無理だと思い込んでいたのに、先生はそのことを言わなかった。やればできるかも」と思えるようになった。いつも受験シーズンになると、先生のことこの話を思い出す。その先生は今、天国にいる。

医学部に行けたからこそ、剣道がこんなに長く続いているのかもしれない。同期は間宮良美、本間豊彦、鮫島浩二、藤巻康善と私の五人で、仲がよく、一つ上の先輩である堀向文憲先輩、円山信二先輩、井上全夫先輩は剣道ばかりでなく試験や食事など本当によく面倒を見てくれた。部員は20名弱。道場は地下にあり、もちろん冷房はなし、試合コート１面取れるぐらいの稽古場、ひしめき合って基本、地稽古をしたものだった。なぜか「突き」は禁止で、それは初心者が多いので危険ということが理由であった。その功があってか、伸び伸びと稽古が出来たのではないかと思う。

師範は須藤先生（元警視庁）、特別顧問は阿部忍先生（日本体育大学教授）だった。

阿部先生とは掛かり稽古のみで地稽古は1度もさせてもらえなかったが、掛かり稽古で壁に押されて「葛西君（日体大）も頑張っているよ」と何度か言われたこと、最後に先生に面を打たれ、自ら腕を回しながら「日本一」と言われたこと懐かしく思う。

1年生の最初の試合にはすぐにレギュラーになった。このとき、「医学部に入って良かったな」とつくづく思った。今まで剣道してきて初めてのレギュラーなのだから。しかし、いいことがあれば悪いこともある。その年の全ての大会が終わったときに、検診で「肺結核」の診断を受けた。感染症はないので、隔離されることなく、授業は出席して良いとされたが、運動は1年禁止。ストレプトマイシンの注射50本（1週間に1回、大学病院に打ちに行く）。この間、見取り稽古で参加した。それでも授業は休んでも稽古は休まなかった。同級生のなかで昭和46年インターハイ徳島大会男子団体3位の本間君（山形県酒田東高）がいたので、彼の剣道を目指し、観察した。

2年生の秋にようやく剣道再開のお許しが出た。当時は「稽古1日休むと、3日遅れる」いわれた時代である。これが1年休んだのだから…ところがだ、稽古を再開して、強くなっていく自分が手に取るようにわかった。考える剣道ができるようになったのである。強い本間君を見て、気づき、打ちを知り、自分ならどうすると考えてきたからだと思う。「気づく楽しさ」「知る楽しさ」「考える楽しさ」が受験勉強で身についていたからである。これが剣道にも通じたのである。

剣道が好きになり、もう医師になったらできないと思い、最終学年の６年生の夏まで剣道を続けた。

その間、団体戦で東日本医科学生総合体育大会準優勝１回、３位３回、関東医歯薬獣剣道大会で優勝という成績を収めた。５年生では主将を務めた。

失敗は一度で充分などと考えるのは、
現実的の用で非現実的である。
成熟するには、一度はおろか
二度、三度の失敗では充分でない。
何度も何度も繰り返して、
ようやくプラスをつかむことができる。
外山滋比古（言語学者）

先生がたの言葉を咀嚼してできる方法を工夫できるまでやり抜く気持ちを持つ

今は剣道を続けてきて良かったと心から思っている。「追い求めているものを、すべて手に入れることはできない」ことはわかっている。だが仕方ないで諦めてはいけない。「やり抜く力」があれば、そこに勇気を与えてくる友人・先輩・先生の言葉が何かを掴める原動力となり、追い求めるものの一つは達成できることを知った。

剣道においていろいろな先生が指導してくださる。その指導はすべて正しい。言い方が違うだけで真はほとんど同じことが多い。素直に聞いていく。そしてその言葉を咀嚼してできる方法を工夫してできるまでやり抜く。そうすると、きっと自分の剣道が変わる。正しく、強く、美しくの剣道の世界を見るためにできることを希望として頑張る。

来年5月2日の京都審査では、審査員の魂を揺さぶるぐらいの気根をもって挑戦したい。とはいうものの、あと5か月しかない。連休中の京都である。したがって、今回の東京受審前に、すでに京都のホテルの予約をした。（情けないが、うん、備えあれば憂いなし）

帰ってきて妻に残念そうに話をするも「作戦が〝棚からぼた餅〟でしょう。無理、無理、無理。（三度も言わなくても）審査も1年に1回にしたら、集中力がつくれないでしょう」と追い討ちの手厳しいお言葉。というわけで次回5月の京都のホテルを予約したのは内緒にした。息子（36歳・剣道四段）は多少わかってくれていて「剣友八段審査コラムも前回で最後だと思って読ませて頂きましたが、また、楽しみにしています」というメールが。ああ、いつまで続くのだろう。皆様、３回目も最後まで長々と全くタメにならない文章を読んでいただきありがたく存じます。

気がついたら今は、もう審査翌日の深夜0時。まだ興奮しているのであった。

第三章　審査員の寸評（実技）　矢野博志範士（月刊『剣窓』令和2年（２０２０）1月号より転載）

今回の八段審査会は2日間、受審者数延べ１８８０名で実施され、一次審査1日目は68名、２日目は１０２名が二次審査に進み、二次審査では1日目（３名）、２日目（４名）の合格者が誕生し、厳しく狭き門を見事突破された合格者に心より敬意を表しお慶びを申し上げます。

審査に当たり、福本修二審査委員長の挨拶の中で、八段位は基本から応用・姿勢態度・構え等に加え、八段位として品格・風格迄を良く見極めて審査に望んで欲しいとの要望を受け審査に臨みました。一次審査では受審者其々に力量の差を強く感じましたが、二次審査に進まれた受審者は、さすがに同等の力量を兼ね備えており見応えを感じ審査員の心を打つものが有りました。

受審に際し、心掛けたい要点を私なりにまとめてみました。
・強い意志の元自ら攻めて相手を引出し打突する。
・自ら攻めて相手を崩して打突する。
・自ら攻めて相手の気の動く所を打突する。
・自ら攻めて相手の構えが崩れた所を捨て身で打突して有効打とする。
此れらの点を踏まえ、稽古に際しては、初太刀を大切にする事を常に念頭に置き、益々精進を重ねられます事を念じ寸評と致します。

第四章◉八段審査4回目の巻

八段は向こうから
やって来ない
失敗しても何度でも
起き上がって挑戦しよう

心が折れない成績開示評価を望む
胸を張りオレ強いぞと見栄を張り
挑戦を諦めたら失敗になる
失敗は転んでも、起き上がらないこと

令和2年（2020）10月19・20日　東京・エスフォルタアリーナ八王子

1日目　受審者369名　合格者2名
　　　合格率0.5%（48歳・58歳各1名）

2日目　受審者277名　合格者4名
　　　合格率1.4%（48歳・51歳・55歳・61歳各1名）

コロナ禍のため、本審査会は5月の京都での代替審査会となった。ご時世マスク着用の審査である。前回の「棚からぼた餅」作戦を今回も考えていた自分が、半年で急に強くなってはいないので、ちょうどよい1年だったかもしれない。

コロナの影響で十分稽古ができなかったせいもあり受審者の人数も極端に少ない。そこで私は考える。今回受審する人は自信がある人しかいないのかと。それとも東京に近い人が多いのかと。ただ、そんな余計なことばかり考えているから、審査に集中できないのだった。やはり今回も一次も通らず爆沈であったが、相手が一次通過、これは嬉しい出来事であった。

さて、野暮なことは承知のうえで審査にかかる費用は、北海道から行くと宿泊交通費や受審料を含めると、なんやかんやで最低10万円近くはかかる。ご承知のことと思うが、少なくとも北海道の人は暇だからといって受けに行っているわけではない。それだけのお金がかかる以上、最低でも一次合格をめざして行くのである。「審査員の皆様そこをなんとかご考慮、ご配慮の程お願いします」と言って「承知しました」という審査員はもちろんいない。わかってはいるが、北海道人としてひとこと言いたくなるのは私だけだろうか。今回も北海道から16人前後が受審しており、総じて１６０万。今までどれだけのお金が本州に流れただろう。山の一つや二つは買えるのではなかろうか。

受審者の心が折れない成績開示評価を望む
私案＝A「大変よくできた」、B「もう少し」、C「また頑張ろう」

■審査前、前回の成績開示が届く

それを見た女房は「ダメ出しの再起不能だね」。一瞬落ち込むも立ち直りは早いのだ

前回は一次審査で落ちたが、自分の中では一人目は出頭の面で初太刀を取り、多少の自信はあった。その評価を知りたく審査会場で用意されていた八段審査会成績開示の葉書を申し込む。評価はA・B・Cの三段階【A…もう一歩です　B…ある程度の評価です　C…極めて厳しい評価です】に分かれている。私は「一次審査で落ちたが、A評価は無理だが、B評価は取れている」と心の中で確信（？）していた。

ところが、どっこい私の予想は大外れであった。3週間後、待ちに待った葉書が届いた(図1)。最初に女房がその葉書を見て「あなた、極めて厳しい評価ですって。それも赤字でチェックされて、ダメ出しの再起不能だね」と、いとも簡単に言うのであった。

「ほんとうだね。赤字のチェックはないわなぁ（薄笑い）」（女房よ、お前もう少し優しい言い方はできないのか）と思いながら、（審査員誰一人丸をつけてくれなかったか。あの出頭の面も評価なし）

なんとも言えない空しさが心の中で通り過ぎた。あくまでも私の案だが、この評価の書き方では落ち込む人が多く、次の受審に繋がらない。そこで「A…大変よくできました　B…もう少しです　C…また頑張ろう」の三段階に分ける。またはCはなくして、最低でBとしたら心折れる人もいなく次回受審する人が増えると思うが、全剣連さん、どうかなにとぞ検討してみてはいかがであろうか？

この評価を目の前にして一瞬落ち込んだが、私は立ち直りも早い。なぜなら、自分を責めないからである。負の意見ばかり聞いても仕方ない。剣道のプロでもないし挑戦者なのだから落ちて当たり前、そんな私がどうしたら受かるのかを考える。目を閉じて、あれこれ考えていると考えることが多すぎていつの間にか寝てしまうのだった。「悩み事も今日でおしまいにしよう。おやすみなさい」そんなもんだ。結局、楽しんで稽古をして成長をめざす私がいるから精神的均衡を保っているのである。

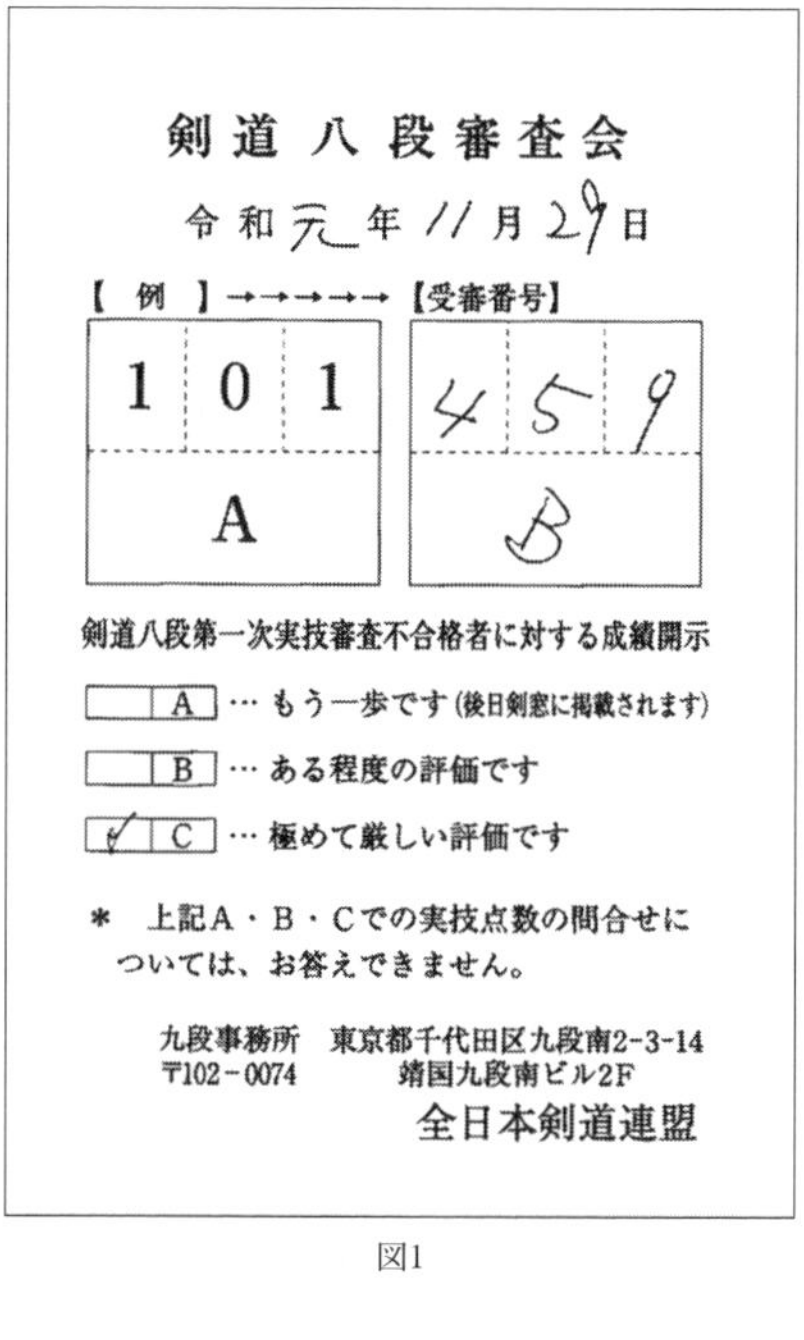
剣道八段審査会

令和元年11月29日

【例】→→→→→【受審番号】

101	459
A	B

剣道八段第一次実技審査不合格者に対する成績開示

A …もう一歩です（後日剣窓に掲載されます）

B …ある程度の評価です

✓ C …極めて厳しい評価です

＊ 上記A・B・Cでの実技点数の問合せについては、お答えできません。

九段事務所　東京都千代田区九段南2-3-14
〒102-0074　靖国九段南ビル2F

全日本剣道連盟

図1

今年に入りコロナの影響で3月から6月までの4か月はまったく稽古が出来なかった。しかし、ここ最近は週8回の稽古を行ない、今年に入り101回の稽古をこなしてこの審査に臨んでいる。北ガスアリーナの朝稽古（火・木・土・日曜日）では山城宏惟先生と岡嶋恒先生、林満章先生、南区体育館（火曜の夜）では武田牧雄先生、養心館（月・水・金曜日の夜）では古川和男先生に稽古をお願いし、そして先生方も本気で自分に対して向き合って指導してくれた。その先生方に対して、本気で返さなければ私の人間性が問われるのである。だから私が一次も通らずノコノコと帰るわけにはいかないのだった。そういう思いでこの審査会にやって来た。

そして会場に着いた自信過剰の私は「どうだ。これだけ八段の先生に稽古をもらっている人はなかなかい

朝稽古では、一番先に面を着けて稽古する山城宏惟範士とともに。「尊敬しています」

ないぞ。凄いだろう。まあ相手には悪いが、今日はこの強い私を見てもらいますか」と心に抱くのであった。

■老人はただ自分本位のマイペース　痛みという心配事がなくなりルンルン気分

私は1日目の審査に臨んだ。60歳以上は午後12時30分から受付開始である。コロナ感染予防の関係で体育館も12時30分からの入場となった。そのことは事前の案内にも書かれていたが、老人にそれは通じない。なんでも先にその場所に行って安心したいからである。よってモチベーションがバリバリの私も午前11時には審査会場に着いた。もちろん締め出しをくらう。

会場入口を先頭にしてすでに体育館を囲むように70〜80名以上の行列が出来ていた。主催側はコロナ禍なので感染予防のために密を避けるよう誘導しているが、老人は聞く耳をもたない。もちろん私もその一人である。行列の最後尾に着くと同時に雨が降り始めた。係の人がざわめき始めた。よって早めの開場である。次々と体温が測定されサブアリーナへと誘導される。稽古禁止のそこは着替えだけのスペースとなる。もちろん受付はまだしていない。しかし老人は待てない。すでに着替えが終わり、面を着けている者もいる。周りの気の早さに徐々に私の気持ちも乱れていく。

審査4回目の私は一連の流れを把握しているので受付が終わってから、防具を着ける予定だった。

ところが、周りのみんなが着替え始めると着替えて準備をしたほうがよいのかという強迫観念にとらわれ、準備体操もそこそこに着替えをすることにした。老人はマイペースでいてマイペースでない。ただただ白分本位なだけなのだ。着替えの前にまずトイレへ。うんちしたいようなしたくないような、便器に座るけれど出てくる気配なし。朝きちんとしてきたのだから大丈夫だと思うが、小さい頃から緊張するとどうしても緩くなる。その習性がこの年になっても未だに続いているから恐ろしいものだ。

受付を済ましてもまだ1時間もある。廊下で素振りをする。背筋が伸びた美しい毅然たる蹲踞もしてみる。膝に痛みを感じることなくできるのであった。（いいね、いいね）コロナ感染が起きてから約4か月稽古ができず蹲踞や正座をしていなかったために、稽古が再開されてからも膝の最大屈曲時に痛みが伴い、正座が出来ない状態でこの日を迎えてしまった。さらにテニス肘（上腕骨外側上顆炎）を発症し、肘を伸ばすことも上げることもできない。しまいには仕事上、患者さんに注射を打つことでさえ肘の痛みが出る始末。また、かかとのひび割れが生じ強く踏み込むことができない。ここ2ヵ月は痛み止めの薬を服用してきた。

ところが、ここにきてなんと腕は上がるし正座もできる、蹲踞もできるのだ。踏み込みも痛くない。朝、薬を倍増して服用したのが良かったのか、アドレナリンの効果なのかはわからない。神様がきっとこの日をわかってくれたのだ。笑顔がこぼれる。もうやるしかない。「さあ、どこからでも掛かってきなさい」とルンルン気分になっていく。

恥ずかしながらここで一句：胸を張りオレ強いぞと見栄を張り初太刀を取られて途中から記憶喪失に

■老いのなかの剣道
酒席で同じ話をするのはアルチュウハイマー型かも？

若い人はわからないと思うが、この年になると朝起きるたびに「痛い、いたぁたったぁ」と言いながらベッドから起き上がるのが習性となる。朝の起きがけは首・腰・肩・膝の関節がなにかしら痛い。だから朝の第一声が「痛い、いたぁたったぁ」である。もう一度、若い時のように痛みを感じることなく、爽やかに飛び上がって起きてみたいものである。

今のところ着替えのパンツは立って片足ごとに穿くことができるが、もはや靴下は立って片足で穿くことが困難となり、壁に寄りかかりながら、座りながら穿くことが多くなった。悲しい限りである。パンツも時間の問題かもしれない。身なりが颯爽としている老人も、実は中身はこんなものなのである。パンツで思い出したが、「いつ竹刀を置くか」という問いに、ある人は「蹲踞ができなくなったら」、ある人は「正座ができなくなったら」と言うが、誰も「おしめをするようになったら」と言う人はいない。ここだけの話だがなにを隠そう私はその部類である。

話はさらに横道に逸れるが、老人に対して覚えていて欲しいことは「いくつに見える」と言ってくる老人、「俺は○歳だ」と言う老人がいれば、「どうだ、若いだろう」と言っているのと同じなのである。そこは皆さん自分で思っている年齢より少なくても5歳は下に言ってあげてください。円満な人間関係の秘訣である。

また、酒の席で同じ話をするのも老人特有である。これをアルツハイマー型認知症の前段階のアルチュウハイマー型と言うのだ。（ほんとです!?）黙って初めて聞いたような顔で聞き頷くのがよい。これは社会人のマナーでもある。

剣道においてもなぜ老人は準備体操もせずに稽古をするのか。準備体操自体がトレーニングに等しいからである。同じ息が上がるなら準備体操よりトレーニングとして稽古したほうが効率的に時間的ロスを縮小できるからである。老人は人生の残り時間が少ないため、せっかちにならざるを得ないのである。

審査にも暇な老人が受けに来ている人は確かにいる。素振りを見ただけで本当に八段を受けに来たのか、それよりよく七段を受かったなぁと思う人もいる。「そうだ！」そういう私もここに来る直前に古川先生から素振りの悪さを指摘されたのであった。中段の構えから面を打って、左足を引いて元の中段の位置に戻すとき、剣先を真っ直ぐ引かず、剣先が上に泳いで中段に戻していることを指摘された。今さらだが基本の基本である。しかし、私のことは差し置く。なぜなら老人は自分に甘く、人に厳しいからである。

■話は審査会場に
気落ちしていた時、鈴木範士の「いい気合だった」が嬉しかった

さあ、いよいよ私の審査開始の時間が迫ってきた。私は356C、BとDの人を見ると体格・身長ほぼ私と同じ。相手の視線を感じた。心のなかで「今日　絶好調の俺に驚くなよ」とつぶやきながら、背筋を伸ばしてかっこよく素振りをする。「どうだあ〜上手な素振りだろ」とさらに心のなかでつぶやく。

恥ずかしながらここで一句：胸を張りオレ強いぞと見栄を張り

私の2組前では同期の高井雅一先生の出番である。どっしりとしたいい構えである。面にいく。浅いが悪くはない。多少の硬さはあったが良かった。二人目も押していた。午後からの中で一番良いと思った。さあ、俺も続くぞ。

待ちに待った（？）私の審査開始である。何か急にフワフワしてきた。これではダメだ。「よし、この会場の受審者の中で一番大きな声を出してやるぞ」と思いながら、開始線に立ち、蹲踞する。蹲踞のかたちは良し。すっくと立ち上がる。「さあ相手よ、早く先に声を出せ。その声を上回る気合の入った大きな声を出すぞ。どうした。ぅ〜ん。なぜ出さない。まだか、仕方がない、俺から出すか」

「おりゃ〜」すぐに相手も気合を出してくる。

しかし、マスクを着けているためか、あまりにも大きな声を出しすぎてクラっとする。

(うん合気で、いい感じだ)「さあ、いくぞ」遠間から触刃「さあ来い」交刃「来ないならばぅっ・・」と思った瞬間、(来たあ——)すぐに私もメンといくが……。

(え、嘘だろ。初太刀取られたのか?取られたな!)頭の中が一瞬真っ白になった。次にこんな言葉が頭の中を駆け巡った。(何をやっているのだ!今日までの一年なんだったのか?気を取り直せ。取り返せ。落ちた。いや取り返してやる)と、ここまでの記憶はしっかりある。しかしながら、これ以降のことははっきりとした記憶なく、面と返し胴を取り返したことだけは漠然とだが覚えている。

二人目、頭の中では(あきらめるな!)と思うが気力がない。そこで気持ちを込めて大きな気合を出す。相手も応えて合気となる。ここでも初太刀では攻めて面を打つも出頭の面を取られる。(今、出頭を取られたとよなぁ。もう駄目だ)その後2回ほど面を誘うも乗ってはこなかった。それは最初の初太刀の面をいただいたので、また打たれたくない気持ちからか腰から誘うのではなく右足を少し前に出しただけの誘いだったからであろう。
結果発表である。無気力に加えてさらに脱力感が襲う。審査後すぐに着替えて廊下で発表を待った。そこに鈴木敏雄範士が通りかかり「いい気合をだしていたけどどうだった？」と聞いてこられた。「ダメです」とニヤケながら答える。自分の不甲斐なさを隠そうとするとすぐニヤケてしまうのである。これだけの会話だったが、気持ちが沈んでいる時に、気に掛けてくださる言葉をいただくと本当に嬉しいものである。（鈴木先生、ありがたく存じます）
私たちの65～68歳までの15組中、一次審査を通過したのはわずか２人、そのうち１人は私が２番目に対戦した相手だった。それだけでも合気になれたことを喜び、是非、彼に二次審査にも合格して欲しいと願いつつ審査会場を後にした。その後、１日目は午後からの

鈴木敏雄範士と

60歳以上で合格者はゼロという発表を知った。午後から60歳以上の審査はいったいなんだったのか。たんなる老人の集いか……。

■満身創痍で帰宅

女房にいわたわりある優しさを期待したが……

帰り支度している時から、腕が異常に痛くなってきた。電車・飛行機の中、身体の力が抜けているのに腕や肩も痛い。疲れているけれど寝つけない。本を読む気力もない。なんとか札幌に着く。空港には女房が車で迎えに来ている。「おかえり。ご苦労様」とか「今度がんばろう」という言葉を期待して車に乗り込む。ところが女房は電話をしている。しかもなかなか電話を切らない。イライラしてきた。ようやく電話を切ったかと思うと

「車のタイヤの空気圧がおかしい」

「あ、そう」（やはり「おかえり・ご苦労さま」の言葉はない）

「すぐにガソリンスタンドへ行くから」

「パンクでなかったら明日俺が調べておくから」

「いやそうじゃない。高速に乗れないの」

「この時間なら下道で帰ろう。（イライラしながら）疲れているから早く帰りたい…」

こんなときに犬も食わない夫婦喧嘩である。どっと疲れが出てくるのを感じる。

その後は互いに一言もしゃべらず家路へと向かう。老人はいつでも優しいいたわりの言葉を待っているのである。頭の中に薄野《すすきの》のクラブのママの優しそうな笑顔がちらつく。（ニヤッと）家に着いて荷物整理を終えて、寝るとき「お先に寝ます」なんて言ったなら「安らかに」という言葉が返ってきそうで、静かに一言も発せず寝床へ入った。

あとでタイヤの空気圧の原因はパンクとわかった。でも、あのとき強いパンクをしていたのは審査員から不合格の烙印を押された私の方である。

挑戦なくして成長なし。挑戦を諦めたら失敗になる
図太い心が生まれるのは結果を求めない心

■競泳の池江璃花子選手の言葉
「希望の光が遠くに輝いているから前を向いて頑張れる」に涙、涙…

審査２か月前、競泳の池江選手が白血病の壮絶な治療後５９４日ぶりに復帰を果たした。競技が終了しプールサイドで涙をぬぐう姿に、私にも嬉しさとともに涙が込み上げてきた。よく頑張った。ほんとうにこの子はえらい。

白血病とは血液のがんである。血液は白血球、赤血球、血小板の3種類の血球と、これらが浮遊している液体である血漿より成り立っている。それら血液は骨髄から作られるが、白血病では白血病細胞が骨髄を占領し、正常の赤血球、白血球、血小板ができなくなるのだ。原因は不明。ただ遺伝子異常を経過して発症していることはわかっている。

この遺伝子異常とは何か。人間の細胞は日々分裂しているが、増える量は厳密に制御されている。分裂して増える過程で、ＤＮＡという細胞の設計図をコピーして使うが、そのコピーはとても正確だが、ときに何万回・何十万回とコピーすると間違いが起こることがある。通常は間違いのある設計図で作られた細胞はほとんど排除されるが、まれに排除されずに、しかも過剰に増えるような「間違い細胞」ができてしまうことがあるのだ。これが「がん細胞」である。

たばこと肺がんの関係はよく知られているが、これは喫煙がこの「間違い」が起こる確率を増やすためと考えられている。しかし、白血病の場合は、特殊な場合を除いて発症の誘因となるようなものはなく、偶然の確率で起こる病気だとされている。

池江選手の場合「急性骨髄性白血病」で壮絶な治療を行なったが、今は良い治療法もあり生存率は60%以上。4年以上経ったならば寛解率99%となり一安心である。まだ彼女は4年経過してないので体調を最優先してこれからの競技を臨むことになると思う。

その池江選手は涙と笑顔で「逆境からはい上がっていくときには、どうしても希望の力が必要だということです。希望が遠くに輝いているからこそ、どんなにつらくても前を向いて頑張れる。私の場合、もう一度プールに戻りたい。その一心でつらい治療を乗り越えることができました」と。このメッセージを聞いて、またさらに涙でいっぱいになった。若さの中での病気はいろいろな葛藤があり本当に辛かったと思う。改めてほんとうによく頑張った。

■一行三昧

結果へのこだわりをやめれば「図太い心」が生まれる

枡野俊明氏の「図太くなれる禅思考」の本の文章の中で「禅語の一つに『一行三昧《いちぎょうざんまい》』という言葉がある。真っ直ぐな心を持って、一つのことに全力を尽くす、という意味です。あらゆることに一行三昧で臨むことが、禅のふるまい方であり、禅の生き方そのものであるとも言っていいと思います。

一つのことに全力を尽くしているときは、結果に対する恐れを抱くことはありません。例えば、一心に仕事に取り組んでいて、ようやく仕上げ、『ああ、もうこんな時間かぁ。時間の経つのを忘れていたな』と感じる。そんなときは、仕事中、結果について考えていたでしょうか。おそらく、上司に褒められるかといった邪心は心にいっさい入り込んでいなかったと思うのです。

それが一行三昧の姿、仕事とあなたが一つになった姿です。別の言葉にすれば仕事に没頭している姿です。

結果はあくまでもあとからついてくるものであって、決して自分から求めるものではないのです。自分の力で結果をコントロールすることはできないことを気づくのです。すると、目の前にあるすべてのことに、真っ直ぐな心で全力投入することができることができます。

そうなれば、結果がどんなものであっても、素直に受け容れることができるのです。形の上で、あるいは数値的に、誰かに勝っていようと、負けていようと、もはや関係がなくなる。評価に関しても恬淡《てんたん》（意味：欲がなく、物事に執着しないこと）としていられるのです。

結果だけにこだわっている『ひ弱な心』とは、大きく違った心だと思いませんか？それは迷いのない心、揺るがない心、つまり、「図太い心」です。それを手に入れることは難しいことではありません。

「結果から離れる。目の前のことだけ注力すればいいのです」

と書かれていた。

無我夢中で稽古に楽しく取り組んだ時、時間がアッと言う間に過ぎていたこと。試合や審査においても一心不乱に臨み、周りの声援、周りのどよめきなどは聞こえなかったこと。仕事に没頭していて時間が経つのを忘れたことを感じたことは私にもあるし、皆もあると思う。そのとき、「監督から褒められる」「試合で勝てる」「審査で合格できる」など報酬を求める心、このような邪心はなく、まったく結果については考えてはいなかったであろう。

この文章から、改めて「今」に集中し、結果へのこだわりをやめれば「図太い心」が生まれることがわかったのだった。

「図太い心」なんと響きのいい言葉だ。

恥をかいて
汗をかいて
それでも
前を向いて
前に進む
そんな図太い自分が好き

作者不明

胸に突き刺さる言葉「失敗は転ぶことではなく、起き上がらないこと」

■今後

成功者は必ず努力している。だから努力するのみ

『どんなに努力しても駄目なことはある。でも努力し続けるしかない。挑戦なくして成長なし。失敗は転ぶことではなく、起き上がらないこと』誰の言葉がわからないが「失敗は転ぶことではなく、起き上がらないこと」の言葉が胸に突き刺さる。

老人だって負けてはいられない。世の中に凄い人はいる。過去にミケランジェロがサンピエトロ大聖堂の改築を手掛けたのは70歳を過ぎてから。88歳で亡くなるまで大理石の彫刻を続けた。杉田玄白は83歳の時に『蘭学事始』を完成させた。ゲーテは「ファウスト」第2部を完成させたのは、81歳の時なのである。

剣道界でも全日本高齢剣友会常務理事・高﨑慶男氏は74歳11か月（15回受審）で八段を取得。緒方仁司氏は81歳（30回受審）で取得している。それに比べれば私は67歳と、まだまだ時間はある。ただ、いま希望は見えても、希望の光は見えてこないのが気になる。

八段は向こうからやってこない。だから近づくためにも努力しかない。でも努力をしても報われない者はいる。間違いなくいる。ただ成功した者は、必ず努力をしているのも事実である。

まだ耳の痛い意見（指導）に素直に耳を傾ける力はある。痛いながらも身体は動く、負けても起き上がる力もある。明日からまた頑張れる。指導を受けても、なかなか上手くできない時にはニヤケながら年のせいと言い訳をするが、許してもらいたい。

そんな八段挑戦者であるが、これからもご指導の程宜しくお願い申し上げます。

第四章　審査員の寸評（実技）　宮川英俊範士（月刊『剣窓』令和2年（２０２０）12月号より転載）

国内外で、コロナ終息の目処が立たない中、五ヶ月遅れで面マスク着装という過去に例が無い状態で実施された。コロナ禍で稽古が思う様に出来なかったのか、受審者６４６名中、６名の合格という厳しい結果として表われました。

合格できなかった方々には、何が大事で必要なのかを思い返して頂きたいと思います。審査は、相互の礼をした時から始まっております。蹲踞から立ち上がり発声迄に基本（着装・所作・礼法）が全て表現されており、更にこれ迄の厳しい稽古の積み重ねで培われたものが、品位・風格として自然に滲み出る様な立姿が大切です。又、打突には、気攻め（気当り）が必要なのです。先に打たねばと、間合も考えずに出るので、届かず応じられる結果となります。気攻めにより相手が居着く、たまらず飛び出してくる所を打突することです。一足一刀から一拍子で、ただ当てるので無く、打ち切る、打ち抜ける事が求められます。

今一度「有効打突の条件」を、思い起こして頂きたいものです。そこに向かって一層の御精進を御願い致します。

第五章◉八段審査5回目の巻

恩師の言葉「目標があれば、いつも青春」を思い出しまた次に向けて頑張るぞ

悪魔のささやき
床屋でにせ京都若旦那風に変身後、合格力飯
なにやら良いことが起こりそうな…
穴があったら入りたい二つの出来事とは
友人のメールに元気づけられる
青春という活力は心の持ちようだ

令和3年（2021）5月1・2日　京都市体育館

1日目　受審者421名　合格者2名

　　　　合格率0.5％（47歳・59歳各1名）

2日目　受審者383名　合格者1名

　　　　合格率0.3％（59歳）

前回よりは受審者は多いが、それでもいつもの半分以下である。

私は今回2日の日で5回目のチャレンジ。もちろん不合格だったのだが、それは不合格になるべくしてなった。故に、今回はこの不合格物語?書こうか書くまいか迷った。何故か?実力以前の問題で、審査中それはそれはあまりにも恥ずかしい出来事が二つもあったからである。（それは後のお楽しみ）1週間経った今でも穴があったら入りたい。だからこれを書きながら投稿するかどうか迷っている。そうは言うものの私の不合格物語?の反響は意外に大きく、審査が終わったら、この物語を待っている人もいるのも確かである。（好評?だからやめられない）やはり、人の不幸は蜜の味なのである。

また、それにも増して私の性格上、自身の恥よりまず先に笑いをとることが優先なので、書くと決心をしたのであった。（いやはや、ハーッというため息）。

「惨めな自分を笑い飛ばすユーモアは　先人の知恵
　どんなに辛い時でも明るく生きるのが高等技術」　美輪明宏

まさに美輪さんの言葉どおり納得する私がいるのであった。

審査出発日、わが家の桜は八分咲き都の桜は満開か

■審査前日

悪魔のささやき「受かる確率は高いよ」

わが家の庭の桜が八分咲きとなった。「帰ってきたころには満開。桜咲く」だ、「こりゃ縁起がいい」と内心微笑（ウフフ）みながら、合格の切符を受け取りに京都へ出発したのである。

テレビでは毎日、コロナの変異ウィルスの出現により日々患者が過去最高数という数字をたたき出していると報道している。そんなコロナ禍の中の審査である。そして、私の悪魔の心はささやくのである「人数は少ない。稽古も十分できていない人も多い。それに比べお前は今年に入り69回も稽古ができているし、昨年10月に落ちてからは優に１００回を超えた稽古をしている。少なくて週3回、多い時は週8回と人より稽古は十分できている。そして警察官は今回出てきてない。コロナを怖がっている人も受けに来ない。ということは受かる確率は高いのだ」なるほど、なるほど。その悪魔のささやきを聞きながら、私はコロナ禍の審査会に向けて意気揚々と京都へ出かけるのであった。ただ、後で気づいたことだが、67歳の現役の警察官はいなかったのである。後で気づくことが、どこかひと

つボケている私だった。

■コロナワクチン開発　日本の技術力は他国に劣っていない

　ここでちょっとだけコロナワクチンについて話をする。ワクチンをはじめ日本の感染症対策は医療従事者からみて、情けない限りである。諸外国と比べると、日本は感染という問題に直面したことが今までなかった。ゆえに感染に対する危機管理能力が乏しかったというが現状である。

　よく人から「日本はワクチンを作れないの？」と聞かれる。1960年代、日本は積極的にワクチン開発に取り組んでいた。現在の水痘と帯状疱疹のワクチンは日本が作ったもの。ところが1970年代から種痘、インフルエンザ、ポリオ、百日咳、日本脳炎、腸パラチフスなどのワクチンによるとされる健康被害の責任を問う争いでメディアがこぞって「ワクチン叩き」を展開し、国側は相次いで敗訴してしまった。

　ワクチンは国の保証がなければできない。したがって大手の製薬会社もワクチン開発から撤退を余儀なくされたのだった。今、子宮頸がんのワクチンも副反応をメディアが叩いたが、小児科の先生はほぼ100％推奨している。メディアの情報は良い時もあれば、偏りすぎていることを知っていなければいけない。

日本のワクチンの開発技術力は他国に決して劣ってはいない。今、日本のある企業はコロナに対してmRNAワクチン（ファイザー社のワクチン）同様、ウィルスの表面にある「スパイクタンパク質」という突起物（受容体）の遺伝子を増殖させた新しいワクチンを開発している。これが来年あたり、日本製コロナワクチンということで接種される可能性があるのではと推測される。期待したいものである。

■審査前日

恒例の床屋でにせ京都若旦那風に変身してから合格力飯

では、話は京都審査へ戻る。宿泊はホテルオークラ京都、一流ホテルである。なぜこのホテルを選ぶのか？天井が少し高く、木刀が振れるからである。だからといって100回も振らないが、二次審査に備えて一人形稽古はできる。だからといって打太刀・仕太刀を1回ずつしかしない。もう一つ理由がある。お察しのとおり床屋である。合格後の写真撮影に備えるためだ。ここの床屋を選ぶ理由は3つある。1つ目は個室。2つ目は椅子が固くない、柔らかい。リクライニングがバッサと急に起き上がらないよう、ゆっくり体を持ち上げてくれる。3つ目はカットが田舎臭くなく京都の若旦那風になれる。（オホホ）しかし、値段は8,400円（今回は髭のカットも含む）と高い。でもこれは2か月床屋を我慢すればもとは取れる。ここで出来上がったにせ京都の若旦那こと池澤清豪はいざ晩御飯

（合格力飯）へ向かうのである。

時節柄、密を避け、ホテルで食事をとることにする。しかし、全レストランがスタッフの人数の調整で前日予約、空いているのはロビーのカフェテラスだけ。仕方ない。そこでハンバーグセットとオニオンスープとノンアルコールビール（コロナ禍でどこもアルコールはおいていない）。足りない。モンブランとコーヒーを追加。でもやっぱり足りない、仕方なく部屋に戻るともう午後9時近く。家から持ってきたメロンパンを食べながら素振りと剣道形をして、竹刀の中結を締め直し（中結をきちんと締めることで打突時の音がちがう）、八段審査での栄花直輝先生の動画をみて「初太刀はなんと面返し面。そのあとの攻めが違うなぁ」と感心し、その後風呂に入り、午後11時前には就寝。「明日、実力以上の技が出ますように」と願いつつベッドへ潜り込む。

平常心がどこかへと飛んでいった

穴があったら入りたい出来事が二つも

■審査当日

なにやら良いことが起こりそうな予感だったが……

ベッドに入ったものの午前3時、4時、5時、6時と1時間ごとに目が覚める。その間、おしっこ2回。諦めて6時に起きる。今日の審査は〝平常心〟の気持ちをもって臨むことを胸に刻む。ゆっくりとストレッチ。お風呂に入り、筋肉をほぐし関節を柔らかくしたところで、またストレッチ。早便（朝のウンコ）をして、9時近く朝ごはんをいただく。糖分を取っていたほうが良いので日本食を選択。腹が減っているので、美味い。お櫃《ひつ》の中の米をすべて平らげる。食いすぎである。でも腹が減っては戦ができぬ。

審査の時間はたぶん午後2時ごろ、十分消化されている。部屋に戻りコーヒーを飲んでいると、また便意をもよおす。下痢ほどではないが柔らかくもしっかり出ている。今日も緊張もしているが健康な証だ。昨日から何かわからないが受かりそうな予感を感じている自分がいる。

午前11時30分ごろタクシーに乗り、12時近くに審査会場に着く。入口付近の人だかりの密の中に奈良正幸先生（黒松内）と田中副夫先生（倶知安）の顔が見える。午前中の審査を受け終わった人がぞろぞろと密状態で出てくる。その後、私たちが受付開始となり、同じく密の状態で会場入りをする。

入場するや体温測定。「密の状態はお控えください」とアナウンスされるも、この出入り口付近は我先に会場入りしたい人でごった返ししている。コロナもなんのそのだ。「着替えてから受付を開始します」とアナウンスは続く。奈良先生と田中先生の後に続き着替えの場所を探すと、10回近く一次合格している田中先生は「俺はいつもの場所で」と言われた。縁起を担ぐ私は心の中で（八段に一番近い位置にいるのに。今回受かりたいなら、いつもの場所はやめたら）と思ったが、大人なので言うのは控えた。

一方、奈良先生はおにぎりを食べ始めた。（太い人だ）と思った。そこは風通し良く何か落ち着かない場所だったので、私は５ｍぐらい離れた場所で着替えた。着替えながら「平常心」と何度も心の中で叫ぶ。

受付も終わり、竹刀を持って素振り、小手や手ぬぐいを水で濡らしたりして待っていると、「グルグル・グルグル」とお腹が鳴り始めた。（ああ、グルグルが限界だ）もう一度、胴・垂れ・道着・袴を脱いで服に着替え、そろりそろりと内股歩行を維持しながらトイレへ。やはり下痢である。出し切った感はないけれど時間がないので切り上げる。緊張はさほどしてないと思ったが、やはりしていたのか。それとも朝飯を食いすぎたか。

トイレを終え、着替えようと戻ると、私の会場では順番が読み上げられているではないか。（ええっ）もうとにかく焦って着替えて一目散でその場所へ行くと、私の名前が何度も何度も呼ばれているのである。もう冷や汗もんである。何度も謝りながら、周りの熱い（？）視線を浴びながら受審番号をいただく。もう５回も審査を受けている者ではない。恥ずかしさで身を隠したかったが、もちろん穴はなかった。

■審査開始

突然の「やめー」「えっ、なにがあったの」

さあ、いざ審査。係員に待機場所へ案内される。私の組は3組目で前の2組を見ているとまったく勢いが感じられない。そうこうしているうちについに我々の組である。立合をする相手を観察。Aはそれなり、Cはやりにくい相手だが強くはない。

私の出番となり、ここでも「平常心」と唱えてまずCの方と礼をする。蹲踞するもお腹に力が入らず前のめりになる。それを立て直すため左足に力が入り、立ち上がった時に左の下腿がつり始める。(まずい)ゆっくりとつる足を伸ばしながらまっすぐに相手を攻める。相手は回り込みながら気合を出す。「平常心、平常心」。そしてこちらも、おもむろに気合を出し、合気を作り出そうとするが相手が打ってくる気配あり。ここで私も下腿のつり感もあり、また、この相手には出頭は難しいと判断。中心を攻めながら間合に入り、剣先を少し開くと、面を打ってきた。そこに私の面返し面が「パーン」という音を立てて決まる。(よし)いけた。昨日観た審査ビデオの栄花直輝先生の初太刀とはいかないものの、気持ちの良い音を手中に感じた。あとは栄花直輝先生の動画ように、あとは勢い良く攻めたい。「よおし」と大きな気合をかける。

　ところがそこで突然、審査会場の立会から「やめ――」の声がかかる。「えっ、なにがあった?・もう2分経った?・早すぎるだろう」と思っていると、私に向かって指をさし何か言っている。「胴紐」と。「はあ。胴紐がほどけた?・嘘だろ」と正座して手が震えながらも胴紐を締め直す。「あ〜もう駄目だ。着装の注意を受けて合格した者はいるのか?・いないだろうなぁ」ここでも身を隠したがったが、やはりもちろん穴はない。

　正座から立ち上がるとき左足にまだ違和感あり、右足から立ち上がらざるを得なかった。所作も減点だ。なんとか構えて「はじめ」の声がかかるも何が何だかわからない。再開してもバタバタしている自分がいる。無駄打ちが多くなった。〝平常心〟はどこへ飛んでいったのやら。相手に申し訳ない意識が走る。しかし動揺が強すぎて合気になれない自分がいる。（ごめんなさい）と心の中でつぶやく。

　二人目はA。平常心を心がける。合気になろうとするが今一歩である。相手が中心を攻めてこないものの、小手・面がしっかり決まる。(自己判断だが）でも、もはや着装もしっかりできない私は〝落ち〟着いているが、すでに〝落ち〟ている。合気になろう。相手に出頭を取らさしてあげたい気持ちにもなる。ゆっくり間合に入り面を打つ。なぜか相手は出小手を打ってくる。ここで時間終了となる。

「あの時、ウンコさえしなければ……いや、違う。きちんとチェックする時間はあった……はず」

モヤモヤ感の取れないまま、すぐに着替えた。平常心をもって周りの人に笑顔を見せた。ここでようやく〝平常心〟が生きたのであった。（遅いけど）

ホテルへ戻り、今度こそ不合格の物語は書くまいと思ったが、やっぱり笑いの受けを狙う性が勝手に書いてしまったのである。その反面、審査の恥ずかしい出来事を思い出し、夜12時過ぎても眠れなかった。小さな器の男なんです。

以上、今回はウンコと平常心と胴紐という不合格物語であった。

合気になれない原因は相手ではなく自分にあった

■審査への反省

無駄打ちは理合、風格、品位もなくなるまさに私

今回、胴紐の件がなければ一次は受かったのか？そんなことはない。受かってはいないと断言できる。

それは未だに理合の剣道ができていないから。中心の取り合い、攻めて勝って崩して理合で打つのが剣道。打たねばならないとき、打ってはならないとき、それを心得ていなければいけない。今回も無駄打ちをしてしまった。相手と合気になれず、それが気迫の空回りとなり、相手の隙をみることもなく、隙をみつけるべき相手を崩すことなく、自分勝手にタイミングで技を何回か出してしまった。「隙があったら打つ、隙がないときは打たない、隙がないときは崩して打つ」。よく言われていることだが、これができるようにならないと無駄打ちはなくならない。無駄打ちをしている人に風格、品位もないこともわかる。

北海道において八段の先生と稽古するときは、すぐに合気を感じる。毎週火・木の朝稽古では中田富雄先生（厚別）や高倉秀明先生（札幌西区）からも格を感じ，構えてすぐに合気を感じる。その理由は、こちら側から出す気迫に対して、それを乗り越えてくる気迫を感じるからだ。品も感じる。だから打たれても気持ちがいい。朝稽古、気持ちよく一日の始まりができるように、必ずどちらかの先生に並ぶようにしている。

では、今回の審査で合気にならないのは相手が悪いのか?これも違う。相手にそれを求めることはできない。私に「気攻め」「剣先の攻め」「体攻め」の3つが揃っていれば、相手もおいそれと打つことはできなかったはずだ。私にその3つが揃っていないので相手に伝わらないのである。

まず「気攻め」。つまり気で攻める力を養う必要がある。丹田に力を込め上虚下実でリラックスし、相手をよく観察し、攻める。攻めながら打突の好機を自分で作りながら、相手を制して打突する工夫が必要であり、集中力もまた必要なのである。

次に「剣先の攻め」。剣先でさぐりを入れる。「剣先で相手の剣先を抑えたり、離したり」「剣先を上下に振る人」「剣先を動かさない人」がいる。試合巧者はどちらかと言うと相手の剣先を触り、相手の剣先の強弱を確かめ、相手の竹刀にすりこんで打つ人が多いように感じる。ところが八段審査で合格している人は、中心を取っても相手の剣先には触れるか触れないか、ほとんど剣先を動かさない人が多いのは事実だ。私もそれに倣《なら》い剣先はなるべく動かさず、中心を取ることを心がけている。相手の剣先が強ければ無理して中心を取ることなく、剣先を相手の竹刀の下に入れて拳につける。剣先が強い相手は巻き技もあるし、払い打ちもある。そこで相手と同様に中心を取ろうとすると相手の思惑にハマルだけだからである。

そして「体攻め」。相手が危険を感じる状態を作り出すのが「攻め」だが、技巧的な攻めと違い、体全体を使って迫るような圧をかけることは非常に難しい。体攻めで大切なことは間合の詰め方である。間合を勉強するにはいろいろな人との稽古しかない。

この3つの攻めで私が「行くぞ」「来るなら来い」の壁を作り、気が剣先の前に出たのなら自然に相手も合気を感じるかもしれない。今後はこの辺の稽古が必要である。

今回は私が合気になろうとしたのにもかかわらず、無視して打ってくる相手が悪いのか?答えは、相手を制することなく、相手に対応して無駄打ちをした私が悪いのだ。気で攻め、剣でさぐりを入れれば相手もおいそれと打つことはできない。そのなかで、相手の対応で跳び込むか、応じるか判断し、右足に左足を引きつけ、決断し、溜めて、瞬時に攻め勝って打突する必要があった。

今回の審査を含めてここ2年間で60歳以上の人の合格者は出ていないが、私が見ていても納得できる感はある。年だとは言いたくないが、皆さん蹲踞から立ち上がった時は大きな声とともに気迫を感じるが、なぜか剣先同士の会話もなく、合気にならないまま自分勝手な打ちを出したり、攻めが途切れるため打ち切る動作は見られない。相手を崩し打つべき機会を作ることなく打つなどは、ただ打ってなんぼの自己の世界になっているのだ。

今回一番勉強になったことは、60歳以上だと自然に近間からの打突になる。近間から打つと打ち切れなく、立ち止まってしまうのだった。だから「遠間から打て」と言われていることが分かった。近間から打つことは悪くないが、近間だと打ち切ることがなかなかできないのである。中には打ち切る動作を見せるために万歳をしている人もいるが、これもだめだ。八段の風格・品位の評価としては程遠いからである。

人の批判はなんぼでも言えるのが私の特徴である。申し訳なく、お許しください。胴紐も満足に結べない私なのに。

継続は力なり
小さな努力の積み重ねが大きな結果を生む

■友人のメールに元気づけられて自然に涙が

「石工は100回目で石を割るが、99回の積み重ねがあるから」

今回は審査に落ちて落ち込んでいる私にくれた大学の同級生からのメールで締めくくりたい。彼は今、横浜で小児科を開業し、アメリカの医師免許も取得しているので、米軍基地やアメリカにおける心臓移植のやり取りもしている。そんな彼から次のようなメールがきた。

「『継続は力なり』この言葉には2つの意味があります。一つは『継続すれば力がつく』。もう一つは『継続するには力がいる』つまり忍耐力という力がないと継続できないということ。

〝継続〟を英語で訳すと普通はconsistencyかcontinuityですが、僕はatomic habits（atomic＝原子、habits＝習慣）と訳し、毎日の継続は、原子ほどの小さな積み重ねですが、atomic habitsは直線的に上昇するのではなく、exponential curve（指数曲線：ここでは急な曲線の上昇）を描きます。指数関数的にある時点で爆発的に上昇します（図１）。atomic bomb,つまり原子爆弾のような破壊力を生み出します。毎日の自己改善は、人生に複利で利子を生んでいくようなものです。

石切り場の石工は、１００回ハンマーを打ち続けて石を割ります。決して最後の１回だけで割ったわけでなく、99回打ち続けたことで石が割れるのです。これからも多い時は週８回、少ない時でも週３回稽古して、また挑戦してください」

令和３年５月８日

と励ましのメールをいただいた。自然と涙が出てきたのだった。

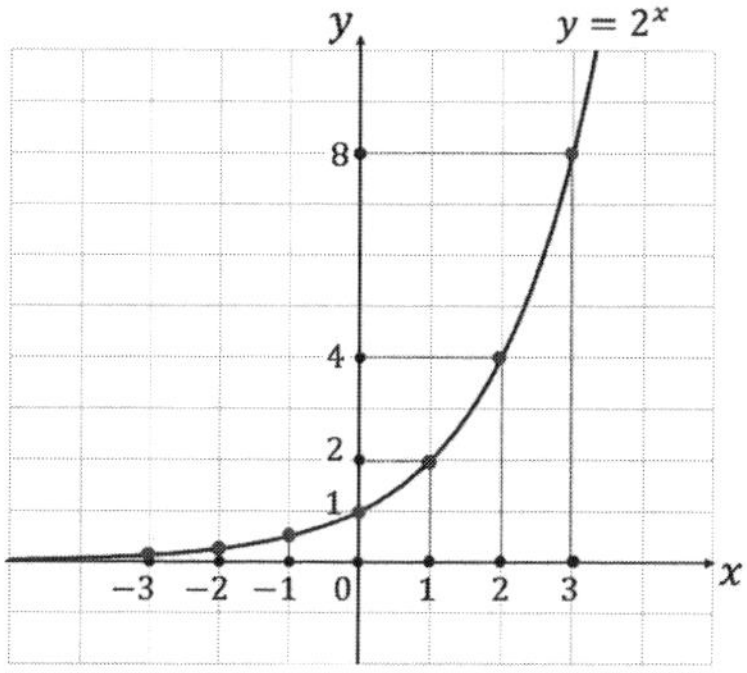

図１　指数曲線

「目標があれば、いつも青春」青春に年は関係ない

■終わりに

青春という活力は心の持ちようだ

審査から1か月半後、68歳となり「高齢者剣道大会・ねんりんピック予選」に出場し、今度は下痢もなく胴紐が緩むこともなく優勝することが出来た。これも八段審査を受けてきたからこそ落ち着いて試合運びが出来たものと思う。神様は見捨てない。また頑張る気持ちが湧いてくるのであった。

人生は自転車に乗るようなものだ。

倒れないためには

走り続けなければならない。

アルバート・アインシュタイン（物理学者）

札幌剣道連盟主催の朝稽古前

あたりまえだが一年経てば必ず一つ歳をとる。我々の年齢になると健康には留意していても、年々確実に体力は衰えてきているのがわかる。だからこそ、今まで以上に気力を充実させ、いつまでも若々しく生き抜き、剣道を続けていかなければならない。私が今でも机の裏の壁に貼っているポスター（青春）を最後に紹介する。

青春

原作　サミエル・ウルマン　　邦訳　岡田　義夫

青春とは人生のある期間を言うのではなく、心の様相《ようそう》を言うのだ。
優《すぐ》れた創造力《そうぞうりょく》、逞《たくま》しき意志、炎《も》ゆる情熱、怯懦《きょうだ》を却《しりぞ》ける勇猛心《ゆうもうしん》、
安易を振り捨てる冒険心、
こう言う様相を青春と言うのだ。年を重ねただけで人は老いない。

理想を失うときに初めて老いが来る。歳月は皮膚のしわを増すが、
情熱を失う時に精神はしぼむ。

苦悶《くもん》や狐疑《こぎ》や、不安、恐怖、失望、こう言うものこそ
恰《あたか》も長年月の如く人を老いさせ、精気ある魂をも芥《あくた》に帰《き》せしめてしまう。

年は七十であろうと、十六であろうと、その胸中に抱《いだ》き得るものは何か。
曰く、驚異への愛慕心《あいぼしん》、空にきらめく星辰《せいしん》、
その輝きにも似たる事物や思想に対する欽仰《きんこう》、
事に処する剛毅《ごうき》な挑戦、小児の如く求めて止まぬ探求心《たんきゅうしん》、
人生への歓喜と興味。

人は信念と共に若く　疑惑と共に老ゆる。
人は自信と共に若く　恐怖と共に老ゆる。
希望ある限り若く　失望と共に老い朽ちる。

大地より、神より、人より、美と喜悦《きえつ》、勇気と壮大、
そして偉力の霊感を受ける限り、人の若さは失われない。

これらの霊感が絶え、悲嘆の白雪が人の心の奥までも蔽《おお》いつくし、
皮肉の厚氷《あつごおり》がこれを堅くとざすに至れば、この時にこそ人は
全く老いて、神の憐《あわ》れみを乞《こ》うる他はなくなる。

この詩は、今、この年齢になってこそ心に響く。人の青春は心の持ち方なのだ。60歳、70歳、80歳であろうと人はたくましい意志、ゆたかな想像力、もえる情熱をもっているならば希望の波をとらえ、青春の中にいるのだ。

老いることに不安を感じていたが、理想があれば、情熱があれば、心がしぼむことはない。歳月

は皮膚にしわを増すが、人の胸には常に人生の歓喜があり、それは行動により得る喜びであったり勇気であったりするのである。

青春という活力は心の持ちようだと、それは美しく、強く、かつ喜びをもって老いることの極意を示唆しているのだった。

また、松下幸之助氏も〝青春〟という言葉を好んでいて、次のような言葉を残されている。

青春とは心の若さである
信念と希望にあふれ
勇気にみちて日に新たな
活動を続けるかぎり
青春は永遠にその人のものである。

そして医者になったとき、「目標があれば、いつも青春」といった教授の言葉を思い出したのであった。

また、頑張るか。よみがえる青春、いつまでも青春、青春に年は関係ない！

第五章　審査員の寸評（実技）　田原弘徳範士（月刊『剣窓』令和３年（２０２１）６月号より転載）

《コロナ禍中》での審査会、正に「命がけの受審」。受審者８０４名の熱意に感動を覚えます。

先ず、全受審者《技術面に大差ない》剣道は他の武道と比べ「技の数」は少ない、だから難しいのです。

結局《気・心の持ちよう》に行きます。

審査で求められるポイント（構え・打突・風格等々）は皆さん熟知の事。これ等は普段の稽古によって培われるものです。日頃の稽古に「身構え・心構えを持って」臨む事が肝要です。

今回の審査で特に感じたのは「早く打とう・沢山当ててやろう」の無駄打ちが多く見られ気の充実《溜め》から生じる無心の技《爆発》を生む『攻めて・崩して・捨身』と言う根本的な理合の立合いが少なかった。

『竹刀は日本刀の観念』で普段から稽古されると無駄打ちは減少するでしょう。

今回の合格者は３名、合格率０.３７％。パーセントに拘束されない審査会です。受審者は大半が50歳以上、技から気の剣道を求め「迷ったら基本に返り」剣道理念の心、理に適った稽古を求め更なるご精進を祈念します。

北海道大学のポプラ並木

第六章◉八段審査6回目の巻

八段審査では「わび」「さび」の枯れた剣道では評価されないと再認識する

剣道で我慢、家庭でも我慢の日々
審査会場では右回りで行く、その訳は
六・七段では高齢者の枯れた剣道を評価
転ぶ回数より起き上がる回数が大事だ
相手が一次合格。私も良かったとポジティブ思考に

令和3年（2021）11月25・26日　日本武道館

1日目　受審者543名　合格者7名

合格率1.3％（48歳・49歳・52歳・55歳・61歳・63歳・67歳各1名）

2日目　受審者751名　合格者5名

合格率0.7％（50歳2名、46歳・51歳・54歳各1名）

八段審査6回目の挑戦。今回私は2日目、68歳なので午後の受審である。

昨年の2月から今年の9月までのコロナ禍の1年9か月、稽古の禁止令も度々ある中でも昨年の5月と11月、そして今年の5月と全剣連は八段の昇段審査だけはしっかり行なってきた。もちろん各自における稽古数などに比例してか、受審者数は通常の3分の2以下であった。当の私は、人数が少ないという隙間に乗じて「うまくすれば」「もしかしたら火事場のバカ力ではないが実力以上が出るのでは」という悪魔のささやきを耳にしながら、すべて受審。もちろん実力以上の力は出なく、ご承知のようにすべて不合格。だから不合格体験記も回を重ねてきたのである。そろそろ終わりにしたいところだが……。

さすがに6回目ということもあり、周りの先生方からアドバイスをいただくことが多くなった。期待に添えるよう頑張りたいが、今まで一度も一次も通過していないので、まず一次は通過したいという気持ちで臨んだが、結果は、またしても不合格であった。よってまだまだ連載は続くのである。こうご期待（えっ、期待していない？）

今回は審査2日目において北海道出身の方が2名合格された。まず炭屋尚宏先生（北海道警察・特錬）が合格した。「おめでとうございます」素晴らしい。流石です。うらやましい。という三言です。もう1名は、今は神奈川県在住で東海大札幌高校（旧東海大第四高校）を卒業した、まさしく炭屋先生と同期の笹木春光先生である。ともに50歳。これでなんと古川和男先生の門下生6名（栄花英幸先生、栄花直輝先生、波間英雄先生、岩橋亮典先生、そして今回の2名）が八段になった。つくづく基本の大切さを思い知らされた。

家庭でも我慢修行の日々。女房の温かな心遣い？きっと我慢から道が拓けると信じて

■審査1か月前
剣道で我慢、家でも我慢、我慢の日々は続く

10月の北海道高段者講習会に出席。八段受審者に対しては小高終八郎範士、鈴木敏雄範士が担当。講習会で小高範士からは「相手の打ちに心動かず、我慢、慌てず有効打突を」。鈴木範士からは「もう少し打ち気を我慢、我慢しなさい」と言われた。

月例稽古会でも岡嶋恒先生に「もう少し溜めて、我慢」と言われる。岡嶋先生は同級生なので何かとお声がけしていただく。ただ学校の先生なので、いつも先生口調で話かけられると、こちらも姿勢を正して元気に「はい、わかりました」と小学生の生徒のような受け答えになってしまう。

家に帰ると女房からは「すり足で歩かない、跳ばない。アデル（我が家の愛犬）がビックリするでしょう」と言われて我慢。さらに「テレビの音うるさい」「食べ物こぼさない」また我慢。「所かまわずおならをしない」「歯磨きしてから寝て」またまた我慢。（トホホ）

この間も連休で家にずっといるだけで「あなた、今日も三食食べるつもり？」と聞かれる始末。心の中で（え!?当たり前でないの）と思うも「はい。お願いします」と平身低頭に答える。

が、女房はさらに続ける。

「あなたが仕事をやめたら毎日三食も料理を作らなくてはいけないの？」

もう答える気力もなく、ただただじっと我慢するのみ。我慢しなければご飯が食べられないから、我慢の日々だった。

みなさまの同情のお声がけをお待ちしています。

「朝、パンだけでいいね。聞こえているの？」と駄目だしの声が。

こうして家で我慢して、好きな剣道でも我慢。もはや爆発しそうである。私に心身共にリラックスする場所はないのか？（あった！）唯一それは仕事場かもしれない。だからこの年でも仕事はやめられない。

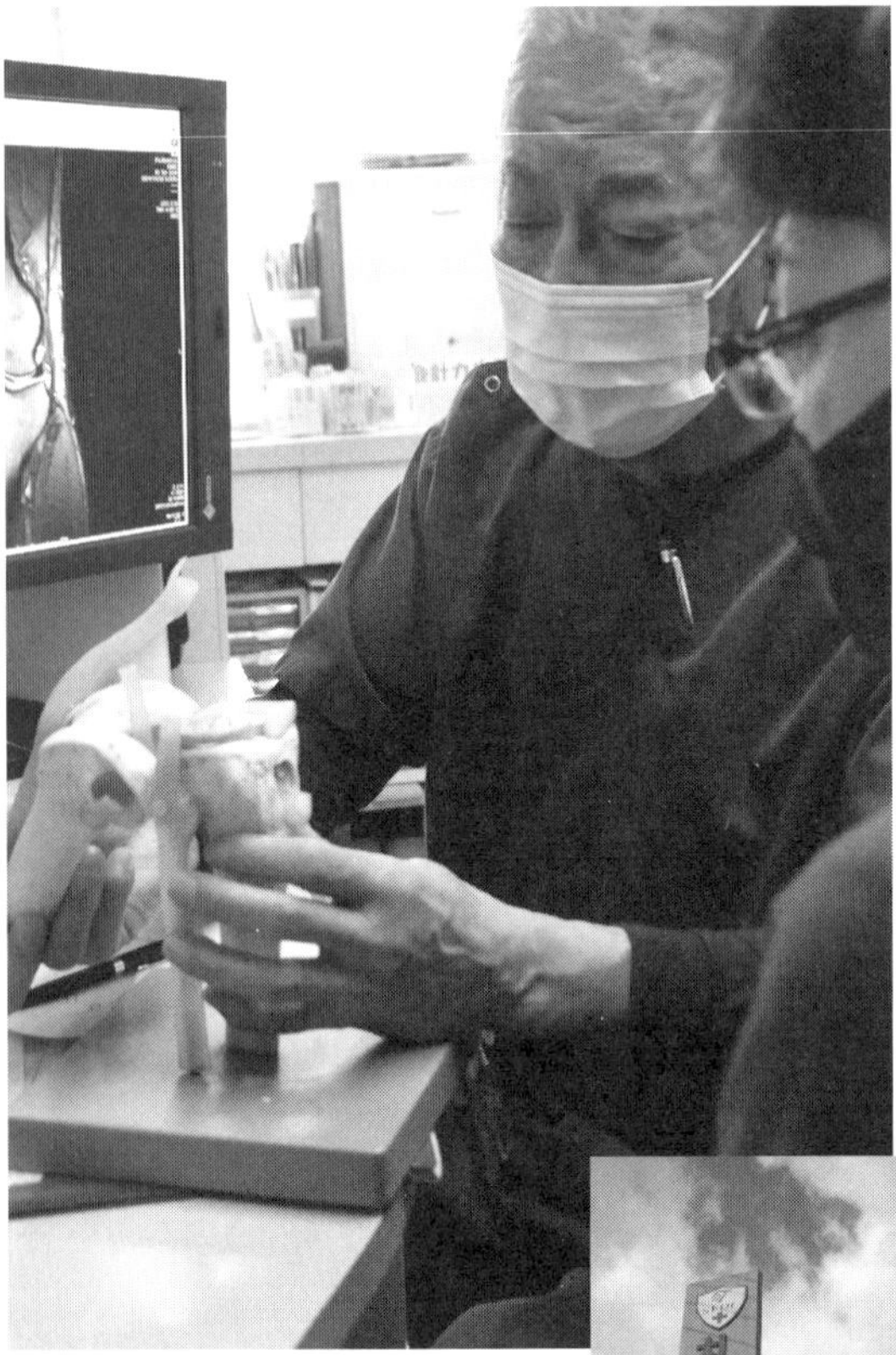

患者さんに寄り添った医師として
信頼が厚く遠方から来る人もいる

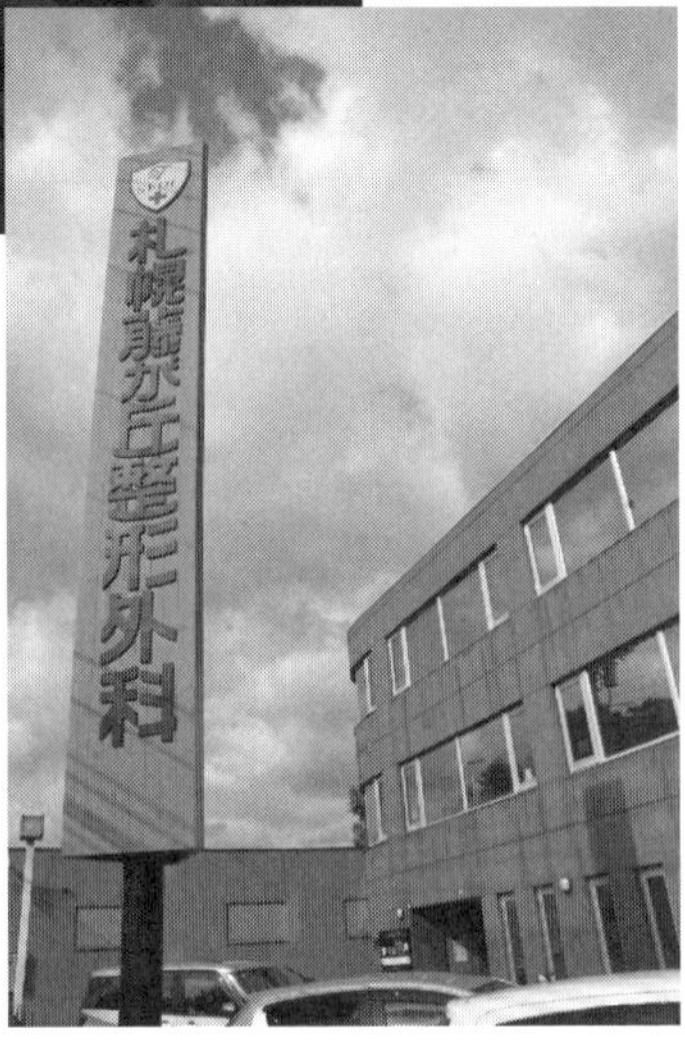

きっと家での我慢はこれからも続くから、せめて剣道の方だけでも我慢から道が拓けることを信じているのであった。

■審査3週間前

愛知・山崎先生の撞木足矯正法「ヤマサキは私。アシサキはこう」「はあ？」

田中副生先生（倶知安）より連絡あり。（国士館）高校・大学の同級生、山崎《やまざき》尚《まさる》先生（八段・元愛知県警）が来るので、「倶知安に稽古に来るかい」とお誘いがあった。喜んで2泊3日の剣道合宿に参加する。

1日目、古谷道場で顔合わせの稽古会。2日目、平成の始めに建てられた倶知安のドーム型体育館の2階剣道場にて稽古会が行なわれる。道場は試合コート2面が余裕で取れるほど広く立派である。私は朝から稽古する場合、どこ行ってもウンチをその会場でする習性があり、いわば動物のマーキングである。この日もホテルで済ませてきたのにもかかわらず、トイレへ。これは習性なので仕方がない。（お許しください）そこで2階のトイレへ直行。そこは、な、な、なんと洋式トイレはなく、和式トイレが3室並んでいた。これは辛い。

なぜならその時の私は膝が十分曲がらない、蹲踞も不十分で、その姿勢を維持しても10秒以内しかもたない。（しかたない、しかたない）ズボンを下げる。あれ。目の前に頼りにしていた掴まり棒がない。（困った。困った、さあ困った。おっ、壁際に水道管があるではないか）

なんとか、それに掴まって膝を曲げる。（あれ?·的が外れている）どうあがいても、的が便器の淵に行く感じ。膝もガクガクで限界になってきた。（もう無理）出そうなウンチをもう一度お腹に引っ込めて、稽古に臨んだのであった。丹田に力を入れることなく、事なきを得て午前中の稽古は無事（?·）終了した。

後で聞いたことだが、1階には洋式トイレが1つだけあるそうだ。ここ最近、建てられたあれだけ立派な体育館なのに、洋式1つ、和式は8つぐらいあったのでは。時代は変わり水洗も十分普及している世の中、洋式を多めに変えた方がいいと進言をする。（また来るからね）改めて和式トイレしかない時代の人々の苦労を尻肌で感じたのであった。昔の人はよく和式で用をたしたものである、それに尻を拭く紙はゴアゴアのちり紙あるいは新聞紙のときもあった。今の人は想像もできないだろう。

さて話を講習会に戻す。山崎先生からは撞木足の直し方教えていただいた。「ヤマサキは私。アシサキはこう」「はあ?·」と、とてもまじめで楽しい先生であった。「国士館高校・大学では、私が中堅、田中は大将」と懐かしく話しておられた。また、指導を受けたいという指導者である。

六・七段は高齢者の「わび」「さび」の枯れた剣道を評価しかし、八段はその延長線上にはないと再認識する

■審査2週間前

20年以上六段を受け続けていた坂井裕子氏が返し胴で見事合格

名古屋の審査会で坂井裕子氏（中央区）が見事六段に昇段した。（拍手）審査を受け続けて20年以上、稽古は月水金の養心館、火木土日の朝稽古をほぼ休むことなく、72歳にて合格したのである。昇段の報告を成田アツ子氏から聞いたときは本当に嬉しくて、「おめでとうございます」と一人で手を叩いて喜んだ。すぐに古川和男先生はじめ、養心館のメンバーにも連絡。皆さん喜びのメッセージを返してくれた。なかでも古川先生がすぐに返信してくださり、本当に喜んでいる姿が目に浮かんだ。同時に明日からの基本稽古はさらに厳しくなるという一抹の怯えを感じたのであった。

なぜ古川先生が喜んだかというと、坂井氏が昇段審査に行く直前、先生が坂井氏の稽古を受けていたからである。私は次に並んでいたので拝見できた。稽古が始まり、何本か様子見た後、古川先生が面を打つと、坂井氏がそれを返し胴で応じる。最初は返す時の足使いが上手く出来ない。足が良くなると手の返しが上手くいかない。先生曰く「胴は前に捌くばかりではない。横の捌きでも良い」と。

何回か繰り返す。すると返しの足が前ではなく横に移動することにより手の動きも自然に良くなってきた。3回いい胴が打てたところで稽古終了。

聞くと審査では、やはり、稽古したあの返し胴が決まったそうだ。涙、涙、また涙である。翌日、養心館に行くと、古川先生が「あの年齢になると枯れた剣道が必要だ」と言いながら満面の笑みを浮かべた。その日の厳しい基本稽古を予想してドキドキしていたが普通に終わった。ほっとした私であった。

枯れた剣道とは、これは日本人特有の美意識だと思う。「わび」と「さび」。「わび」とは思い通りにはならないつらさ。「さび」は生命力が衰えていく姿。ともに否定的な言葉でありながら、逆にそれを評価し、その中に良さを見つけ出すという日本人独特の美意識、精神性がある。これが枯れた剣道に結び付くのではないか。しかし、八段審査においてはコロナ禍の2年間は60歳以上の高齢者に合格者はいなかったが、今回60歳以上は3名も通った。70歳以上になるとしばらく合格者は出ていない。

全剣連は、我ら八段受審者の高齢者に「わび」「さび」の評価はないのか?我々はすっかり枯れてしまった剣道なのか?審査の午後の時間をもう少し評価をしてもいいのでは、と思った矢先、壁谷則生先生が古川先生に質問した。

「年齢が高いと枯れた剣道の評価高いですか?」

「六段・七段では高齢者は枯れた剣道で十分合格します」

「八段は」

間髪入れず勢いよく古川先生は
「八段で枯れた剣道では受かりません」とキッパリ。

やはり「わび・さび」の評価はなかった。七段の延長線上に八段はないことを再確認する。

その後、平池暁先生が私の傍を通りニコニコしながら「先生もあと20年頑張れば、もしかして」

と一言。「もう死んでいるかも」と答えながら、内心（今の動きが出来れば、可能性はあるかも）と
密かに思った。馬鹿は死なきゃ治らない。

考える人ならぬ悩む人に。悩んだ結果審査員が期待していると思えばパフォーマンスが上昇する

■審査1週間前
人は不安を抱えると無意識に左回りに。審査会場では右回りで行く

今年に入り、まったく稽古できない時期が1か月あったものの、今回も150回の稽古数を終え

て受審することができた。七段合格してから13年間、毎年170回以上の稽古数を維持してきた。さすがに今年は難しいと思ったが、あと1か月もあるので稽古数に関してはクリアできるかもしれない。しかし、稽古数は多いが稽古の質を問われるといかがなものか。単なる稽古好きの老人であった。

審査日が近くになり、「面」を意識するあまり、打つタイミングや体の出し方など微妙にわからなくなり、体がスムーズに動けず「面」が打てなくなってきた。だから稽古に行っても相手に出小手を打たれたり、返し胴をいただいたりすることが多くなった。うーん、考える人ならぬ悩む人になった。

家でも仕事の時でも隙間時間があれば「メーン」と言って跳んでいる。当たり前だが、相手がいないとそれなりに打てるのだが、相手がいると、遠い間合ではこのような面を、自分の間合ではこのような面をなどとバカみたいなことが頭の中でグルグルよぎり、実際に打ってもぎこちない面になるのだった。

その悩みのためか、最近は睡眠中、数学の試験を解いている夢をみることが多くなった。それも微積で超難問、結局解けず落ちたと思い、目が覚める。あまりに頻回に見るので夢占いで夢に試験が登場する意味を調べてみた。それによると「試験の合否を決めているのは自分自身である。さらに試験の夢が意味するものは、試験の準備ができていない、それに対する焦り、不安、動揺、自分への失望、情けなさの気持ちの表れである。自分の期待に自分自身が応えられないことで夢が生じる」と英国の論文に書かれていた。よってこの夢は今の準備不足の状態から生じたものだった。目覚め悪く勘弁して欲しいものだ。

次も英国の論文であるが、人は不安を抱えると右脳の活動が高くなり、無意識に左へ曲がるそうだ。また、誰かに見られていると意識をすることで無意識に力が入ってパフォーマンスが低下するそうだ。しかし、見ている人が「自分のことを期待している」と感じたときはパフォーマンスが上昇するそうである。よって私は審査会場に入ったら右に曲がり、自分の着替えの陣地を確保し、審査ではすべての審査員が「私は受かるもの」と期待して見ていることにした。よって今回のテーマは、リラックスした状態を保ちつつ「さあ、来い。掛かってきなさい」の気持ちで審査の臨むことにした。

■審査前日

面手ぬぐいと面の隙間に微妙な違和感を覚え、床屋は断念する

昨夜は養心館で審査前の最後の調整。今朝は火・木会の朝稽古へ行き、形稽古は中田富雄先生（厚別区）に、稽古は武田牧雄先生にそれぞれご指導を受けた。

審査前日の午前中は仕事をして、夕方には決戦の地東京に到着。今までは東京に着いてから合格した時の記念写真を考えて空港の床屋へ行っていたが、もう行くのをやめた。理由は、髪を切って翌日の審査で面をかぶると、面手ぬぐいと面の隙間に微妙な違和感があったからである。

ホテルはいつもの東京ステーションホテル。ここも天井が高いので素振りをしても竹刀の先は当たらない。素振り・ストレッチ・審査ビデオを観て深夜12時頃寝床に入り本を読んでいるうちに自然と寝てしまった。ところが、部屋の電気を消し忘れ、電灯の眩しさで目が覚めてボォーとしながら起きて消すも、枕元の電気だけは消し方がわからず諦める。それがアダとなる。眩しくてすぐに何回も起きてしまう。起きてスイッチ探すのも面倒なので布団をかぶる。また眩しくて起きる。そんなことで寝たり起きたり。(ああ、まいった、まいったと朝が来た)

前日の合格率の高さに胸がワクワクとトキメク 八段は左手の手元が1回でも上がると、心が動いたことになる

■審査当日

午後の第三会場最終組。最後の最後で名前が呼ばれる

不眠のまま朝6時、もう寝ること諦めてシャワーを浴び、素振り・ストレッチ。朝食をゆっくりと食べて午前11時20分、いざ出発!

ホテルからタクシーに乗って日本武道館には11時40分ごろ到着。もはやというか、やはり60歳以

上受審者たちの長蛇の列。北海道の知り合いの顔を探しあて、その輪の中に入る。話題は2日前の七段合格率の高かったこと、また、昨日の八段審査においても合格率1.6％と非常に高かったこと、さらに60歳以上の方が3名も合格したことであった。皆、全剣連が合格率を上げたのではと思ってぃた。「これは今日に期待が持てるぞ。現に今並んでいる人々はすべて60歳以上、かつ昨日より人数が多い。これはもしかすると5人ぐらい合格者出るか?うまくやれば、もしかしたら」と（自然に頬が緩む）」だが結果は……、この列をなして並んでいる老人たちからは誰一人、合格者は出なかった。残念。ただ淡い期待を胸に抱いた老人の集いだった。

とはいえ、みなさんの期待に応えて?どのような審査内容だったのかをお伝えしなければならない。お昼12時に入場し、着替えは2階の観客席へ誘導される。審査への不安を打ち消すため、当然ながら入口から右に回り、観客席のほうへも右に回ってたどり着く。するとそこには奈良正幸先生（黒松内）、及川潔先生（函館）がおられた。和やかな雰囲気に包まれる。

着替えを終えて受付を済まし、指定された第三会場へ。350番から順番に呼ばれる。ところが、老人は呼ばれてもすぐには出てこない。中には違う会場で待っている人もいる。また、呼ばれていないのに出て行く人もいる。いつもながらの光景である。私はというと、お腹の調子もよく大丈夫。（よし、いいぞ）だが、今度はなかなか呼ばれない。なんと最後の最後にようやく名前を呼ばれ、3人の組み合わせで、真中の３７１Ｂだった。午後の最終21組目である。まさに「消化試合にならぬよう頑張らねばならない」と決意するのであった。

■審査開始前

待ち時間が長く、疲労感からくる脱力感が強くなる

午後の審査は13時頃開始され、ふと時計の針を見るとすでに15時30分を過ぎているではないか。着替えてから何回腕を回したことか。何回脚の屈伸をしたことか。何回素振りをしたことか。はたまた何回蹲踞の練習をしたことか。というわけでさすがに会場にいるだけで疲れてきた。最後の組なので仕方ないが、完全リラックス状態というより集中力も欠けはじめ疲労感からくる脱力感の方が強くなった。しかし、気分が高揚しているせいか落ち着きなく座って休むという行為までは至らなかった。

自分の審査40分前頃、奈良正幸先生の審査を拝見した。落ち着いた対応。有効打突も二本あったか。ましてや一本も取られてもいない。審査終了後、まだ興奮醒めあらぬ奈良先生のそばに行った。

「いい立合でしたよ。もしかしたら、いくかもよ」

「いや駄目でしょう。今日のが、もし良かったら前回のほうがもっと良かった。それにここの審査員には某先生がいらっしゃるでしょう。あの先生の審査会場の合格率は低い。しかし、ここで通れば二次も通る可能性があるかも」（奈良先生らしくネガティブな発言しても、最後はポジティブな発言

で締めくくる。さすが)

「そうなんだ?!」

「並んでいる審査員6人と稽古したことがあります。(話は続く。審査会場の受審者を見ながら)あのように攻められたとき手元の左手が1回でも動く人は八段では駄目。六段は4回。七段は2回まで許されるけど(真偽のほどは定かではないが)、八段は1回でも動いたらもう駄目。(そうか。攻められて左手が動けば、打たなくても心が動いたことにより、それは負けに等しいのだ。いいこと聞いた。でも大丈夫か。俺も手元がよく上がるからなぁ)

そろそろ私の審査時間も迫ってくる。人影がまばらになり、まだしゃべり続けている奈良先生に向かい「そろそろ時間なので自分の会場に行きます、私の立合を見ていてください」と言い残し、戦闘態勢の準備に取り掛かる。

相手の一人が一次合格
私もいい立合をしたとポジティブ思考

■いざ審査開始

次へつながる？・相手の良いところを引き立てる

第三会場は最後の組が３人の組み合わせとなった。ようやく私の出番である。（期待されている証？）他の審査会場の審査員たちは、どんどん引き揚げて行く。会場全体が審査する雰囲気から遠ざかっていくように感じた。

そんなことは言ってはられない。前回の失敗を教訓にして面紐・胴紐の緩みと着装を再確認。リラックスするよう心掛ける。リラックスするため、息を３秒で吸って、２秒止め、10秒以上で吐く。我が会場には鈴木敏雄範士も審査員として見ておられる。鈴木先生がよく言われる「我慢、無駄打ちは控える」を肝に銘じる。

さあ、（審査員期待の？）私の出番だ。お互いに礼。蹲踞して構える。最初の相手３７１Ａは全体的に固い、構えに強さを感じない。打っては来ない。（さあ、掛って来なさい）我慢。なら相手から打たせるようにしてみようと、少し前に出る。まだ打たないか。これ以上前にはいけない。もう一度右足を出し相手を誘う。相手が打って出ようとしてきた。ところが私は右足を出して誘っていたが、右足を大きく出し過ぎて左足の準備ができていなかった。（いかん）相手は中心を攻めてきた。思わず左拳が正中線から外れ、手元が上へ動いた。先ほど奈良先生から指摘を受けた左拳の動きが頭の中でグルグル回る。（もう落ちたか、駄目だ。いや忘れよう。中心を取れ）相手の剣先がカシャカシャと動く。（攻め崩して、私から面を打とう。ここなら一足一刀で打てる間合だ）機を見て「メーン」。しかし、相手に受けられた。

（駄目だ。もう一度初太刀の気持ちでいこう）攻めると、相手は少し下がったかのように見えた。思い切り「メーン」。次の瞬間、相手は「ドウ」に、なんと胴に返された。しかし、十分な胴ではない。（これを狙っていたか。駄目だ。落ち着け）打つタイミングがなかなかとれない。（打てる相手なのに時間だけが過ぎていく。「やめー」の声。（よし、次の相手に賭けよう）

二人目は３７１Ｃ。背は低いが構えに強さを感じる。（出頭を狙おう）背が低いので鎬を使って中心を取ろうとするものの、剣先が下に行き過ぎる。（なら上から押さえるようにしよう）相手が入ってくる。すると、まさかの二段面だ。面を押さえるのに手元がまた動く。（駄目だ）構え直す。（そのような面でくるなら、早い面を狙うか）「メーン」と打ったら、またも瞬時に「ドウ」に返された。（ゲ、完全にやられた）相手の入りが早く、独特な面を打ってくる。また左拳が動く。（もう駄目だ）間合が近い。制限時間が迫る。渾身の面を狙う。攻めると同時に「メーン」と打つも、なんと今度は「ドウ」を抜かれた。抜き胴を決められた。同時に「やめー」の合図。「ふう」というため息とともに終わった。

有効打突一本もなし。逆に取られた有効打突は胴三本である。結果、３７１Ｃは一次通過。あまりに弱い自分に落ち込む。（仕方ない。実力だ）相手が一次通過したことに安堵した。つまり私も相

手を引き立てた、いい立合をしたということだ、とポジティブに考え直す。（次につながるだろう）

■審査終了直後

八段坂ならぬ、九段坂をうな垂れて下りる姿に哀愁漂う

一次審査の結果発表を見ると、北海道から田中副生先生（倶知安）、金田周先生（網走）が通過した。2人とも一次は10回以上通過している。昔、一次10回以上合格の人は昇段したのに、なんだか可哀そうである。（今回は是非受かってほしい。とにかく頑張れ）場内では「二次審査の人以外は早急に退出してください」とアナウンスが何度も流れる。残って見学できる雰囲気ではなかった。しかたなく二次審査を見ることなく日本武道館を後にした。こうして6回目の八段審査は終わった。武道館の九段坂を下りたところでお世話になった先生、友人に次のようなメールを送った。

「駄目でした。有効打突一本もとれず。八段の道のりは遠すぎて届くかどうかわかりませんが、自分の剣道の成長の為もう少し頑張りますので、よろしくお願いします」と。そう思う反面、「もう頑張っても駄目かもしれない」と一抹の不安を抱えながら、肩を落とし、うな垂れて歩く姿は、哀愁を漂わせていることだろう。武道館から帰る九段坂の下りは、うな垂れる姿に一層の拍車をかけるのだった。

八段審査では攻められても心を動かさず心を止めない不動の構えが求められる

■なぜ「左手が上がる」のかを考える

相手に攻められて心が動いたり、心を止めて応じ技を出そうとしたときである

「打たれなくても、心が動いたら負けと思え」とは、よく聞かれる言葉である。これが態度に出てしまう仕草とは、相手に攻められたとき左手が勝手に上がったりして切っ先が崩れてしまうことである。

斎村五郎先生は『斎村五郎の遺稿と想い出』(編纂者・斎村龍雄)のなかで「剣道の稽古は相手を攻める。そこを打たれても気分と切っ先とが少しも崩れなければよいのである。この修行をするのである。試合において然《しか》り。打ち合いではない。心が動くか動かぬかの試験である。技は結果である。それを勝とう、負けまいとすると、勝敗に捉《とら》われ肝心の自分がお留守になってしまう。然しこれは理屈であって実行は困難である」と、

持田盛二先生も『昭和の剣聖・持田盛二』(舩坂弘著)のなかで「七十歳になると身体全体が弱くなる。こんどは心を動かさない修行をした。心が動かなくなれば、

相手の心がこちらの鏡に映ってくる。心を静かに動かされないように努めた。

八十歳になると心は動かなくなった。だが時々雑念が入る。心の中に雑念が入らぬように修行している」

名人でもときに相手に心動かされ、それを修行の糧にしていることがわかる。

沢庵和尚の『不動智神妙録《ふどうちしんみょうろく》』においても「心こそ心迷わす心なれ、心に心ゆるすな（意味：心が心を迷わし、心に対して心が許してはいけない）」と。『不動智神妙録』は柳生宗矩という武士に対して書かれた本であり、沢庵和尚は剣の極意に例えて禅を説いているのである。著作の題名にもある「不動智」について言及しているところを鎌田茂雄氏の解説で紹介する。

「沢庵が極尽くした禅は無心です。無心とは心をどこにもとどめることなく、全身全霊を心とすることです。心を少しでも留めると、そこに隙《すき》が生まれます。その隙に向かって太刀が打ち込まれます。心のとどまることが迷いなのです。少しでも心に迷いが生じるとき、そこに隙が生まれます。兵法者はその隙につけいることに命をかけるのです。全身全霊を無心になり切るとき、こちらは寸分の隙もなくなります。この隙のない当体を不動智と呼んでおります。この不動智を体得すれば電光石火、無礙《むげ》自在、神妙不可思議の用《はたら》きが生まれます。無心の用きとは、不動智神妙の用きなのです」

不動とは一点集中し心を動かさないことではない。心を一点に止めることでもなく、あれこれ考

えることでもない。心を止めることなく、全体に注意を払え。すると妄想や思考に捉われることがない。そうした状態のことを言っていると思う。

そう意味で「左手が上がる」ということを考えると、相手に攻められた結果、心動かされ左手が上がる、また、相手が攻めてくるのを待って、心を止めて応じ技を出そうとしたときにも左手に動きが生じるのだ。

そうすると、やはり八段は心を止めることのない不動の構えが必要なのだと思った。

検証　八段合格のために足りない６点を洗い出す
人生で大切なことは転ぶ回数より起き上がる回数だ

■八段挑戦する意味を考える
反省から挑戦することが楽しみだと感じることが大切

なぜ?私は八段審査を受けるのか?その答えは簡単である。剣道が上手くなりたいからである。上手くなるとどうなるか?さらに剣道がもっと面白いと感じるのではないか。その境地に達したいためである。現に八段の先生が剣道を苦しみながらやっている姿は見たことはない。皆、楽しんでいるではないか。今の私は楽しんでいる反面、苦しみもある。剣道には目標はあるがゴールはないのだから、挑戦は楽しみと感じていかなければならないのだが…。

自分では努力しているという自己満足だったのか。稽古の質を高めなければならない。今、週8回稽古しているが、質を高めるため火曜日のダブルヘッターをやめ週7回の稽古に変えるつもりである。肉体的な減退に勝つためには毎日の準備が必要であることをしみじみ感じさせられた。攻め・打ち・返しなどはまだ足りない。そう「すべてにおいてまだまだ足りない」ということを思い知らされたのだった。

では具体的に何が足りないのか。これから検証する。

一、「相手の気を読む力」が足りなかった。ゆえに溜めを作れず、自分勝手な心理が働き、自ら打つという行動となった。我慢がまだ足りない。今は、少し精神的にも落ち込んでいるので、剣道での我慢はお預けとする。よって、この我慢はしばらく女房に鍛えてもらうことにした。先を読み「動かして・溜めて・打つ」ことを脳裏に叩き込まなければいけない。

二、「捨て切って打ち込む力」が足りなかった。失敗したらどうしよう?返されるかも?という気持ちになった。精魂をこめて死ぬ気で打たなければならない。

三、「攻め方のパターン」が足りなかった。面の攻め方がワンパターンであるがゆえに返し胴をもらった。よって、いろいろな間合からの面打ちのバリエーションの必要性を感じた。鎬の遣い方も必要だし、担ぎ技、裏からの面も必要であること実感した。

四、「驚懼疑惑に対応する力」が足りなかった。左手をできるだけ動かさないことも、溜めとなる。踊ることなく、手元を上げるな。中心を外さない。左手が収まっていないと刃筋真っ直ぐには打てない。剣先を振るわせることなく、絶対に下がらないことも条件である。そのためには相手より後から左手を動かさなければならない。相手が打ってきても中心さえとっていれば鎬で切り落としの面が打てるからである。

五、「打つ機会を見る力」が足りなかった。出頭は「相手が打つ瞬間の〝う〟を打て」と思っていたが、これは大きな間違いだった。よく調べると「相手にうまいことができると思わせろ。その〝う〟を打て」ということだった。先の読みである。心と心のやり取りではこちらが先に動く必要があるということ。ただ中心を攻めて相手に威圧を与えても駄目だ。出頭も相手が打ってこなければ生じない技。左足踵をつけるな、左足の引き付けを早く。

六、「心構えの力」が足りなかった。今回はリラックスだけを考えるようにしていた。これも間違いだったかもしれない。本来の力を出すにはリラックスすることが大切なのだが、緊張感なくして能力以上のものが生まれてこない。リラックスして肩の力は抜けたが、丹田に力を入れた記憶がない。

これまで受けた審査の中で最悪であった。稽古もそうだが、緊張して立ち上がり、大いなる気勢を発したときに肩の力が抜けることがある。そんな時こそ動ける自分がいるのではないか。リラックスと程よい緊張である。早く気が付けよという感じであった。

また、今回、会場入りから審査まで時間がありすぎて受審者同士の立合を見すぎた感がある。出番を待つことで大切なのは自分の実力をいかに発揮するかという〝心の準備〟であった。人の競う様子ばかりみて「合格」と「不合格」の谷間で感情が動きすぎて、今ここに集中する力を持っていけてなかった。

この6点だけでなく、まだまだ足りないところや反省しなければいけないところは沢山あると思うが、今回感じたことだけを文章にした。また明日から基本を重視した無駄のない稽古を心がけて来年5月京都へ向かう。もう半年しかない。休んでいる暇はない。(うん、頑張るか、頑張れ、頑張るぞ!)

なんでもいいから夢中になるのが
どうも人間の生き方の中で
一番いいようだ

井上端(作家)

今回の締めくくりに次の言葉を紹介する。
「人生で大切なのは転ぶ回数より　起き上がる回数だ」（確かに）
「先を読め　読めるわけがない　先がない」（確かに、確かに）

第六章　審査員の寸評（実技）　村上済範士（月刊『剣窓』令和4年（2022）1月号より転載）

晩秋の候、鮮やかに色づいたイチョウ並木の九段坂を小汗をかきながら剣道具を担いだ八段受審者らしき初老の姿があった。

11月25日・26日、日本武道館において剣道八段審査会が実施された。

審査開始前に審査員研修会が行われ、稲川泰弘会長の挨拶があり、続いて真砂威審査担当副会長より、「審査の着眼点である理合・品位・風格をどのような見地でとらえ、八段位に能う人をいかに見出すかの裁量性が求められるところです。また厳しすぎる合格率の低さは剣道人から制度全般に対する信頼感を失うのではないかと危惧している」という内容の挨拶がありました。

第1日目受審者543名、一次合格者58名、二次合格者7名。第2日目受審者751名、一次合格者89名、二次合格者5名。2日間で合格者12名で前回より倍増したものの厳しい審査結果となりました。剣道八段は付与基準第八項で剣道の奥義に通暁、成熟し、技倆円熟なる者に与えられるとされている。即ち、心・精神力と技術が最高位の域に達している者である。

新型コロナウィルスの影響で稽古不足が目立ち八段としての風格・気位がなく攻防の攻め合いの妙味が見られず、打突の好機でもないのに不用意に仕掛けるため有効打突に繋がらず無駄打ちが多く見られました。審査員の心に響く味のある薫りが伝わってくる「気」の剣道の立合いを心掛けることが大切です。益々のご精進を期待します。

第七章◉八段審査7回目の巻

努力は報われる
いや報われない努力もあるが
諦めず継続すれば桜咲く

ジャンプ高梨沙羅選手に学ぶ人間形成への道
一番素敵なのは見返りのない努力
楽しさを見つけることの大切さ
古川先生の降臨を祈るも…
攻めと打ち切りは表裏一体

令和4年（2022）5月1・2日　京都市体育館

1日目　受審者760名　合格者2名

合格率0.3％（49歳・58歳各1名）

2日目　受審者572名　合格者3名

合格率0.5％（46歳・51歳・56歳各1名）

八段審査7回目の挑戦。私は1日目の午後受審。結果はまたもや一次も通らず。2年前の2月から続いている新型コロナ感染。ワクチンを持ってしても今もとどまること知らず。しかし、当初あれほど不安を抱いていた感染の予防や対処法に神経をとがらしていた人たちも、今はマンネリ?になったのか徐々に危機意識が薄まってきているのが現状である。今回の審査会場でも2年前、1年前と比べ、検温は行なわれるが厳しい制限は少しずつ緩和されてきたように感じた。受審者も増えてきた。

今回まずは大好きな金子みすゞの詩を紹介する。

なんでこんなに嬉しいのだろう
桜が咲いたぐらいで
食べられるわけではなし
お金になるわけでなし
けれど私のどこかが
ヒヨドリのように
叫び声を上げている

こうして満開の桜に見送りされて「今回こそやるぞ」と言い聞かせて京都へ向かった。

女子ジャンプの高梨沙羅選手に学ぶ「人間形成への道」

■審査3か月前、冬季北京オリンピックでの感動

女子カーリングの喜び、高梨沙羅選手の沈痛な表情

２０２２年2月4日冬季北京オリンピックが開幕。今回は感動した場面が２つあった。それは選手が勝利した時の姿でなく、泣き崩れた瞬間であった。

一つ目は日本女子カーリング。もはや予選落ちと彼女らが思っているときのインタビューの最中、最後の切符を掴んで準決勝進出が決まったことが分かった瞬間である。その報告とともに彼女らが泣き崩れたシーンには、こちらも「良かったね」とほろっとさせられた。その後、彼女らは奮起し、見事銀メダルに輝いた。彼女らの頑張りにカーリングの神様が与えてくれたごほうびだと思った。

二つ目はジャンプの男女混合団体戦で高梨沙羅選手が1回目のジャンプで１０３メートルの大ジャンプを見せたものの、ジャンプスーツの規定違反でまさかの記録なしになったシーンである。太もも周りのスーツが約2センチ大きかったことが理由だった。その知らせを伝えられた高梨選手は控室の横で泣き崩れた。しかしその姿を見ていて、こちらにはすぐに失格の原因がＴＶからは伝えられ

なかったため「どういうことだ」と思った。時間が経過するとともにスーツの規定違反とアナウンサーが報告した。「そんな馬鹿な？スーツを作っている会社だって社運をかけて厳重に注意をしているし、さらにはその前に行なわれた女子ジャンプ競技の時には何も言われなかったというのでないか？」と思うと同時に、彼女の泣き崩れた心情がこちらにも伝わり、もらい泣きしてしまった。

高梨選手は１人では立っていることさえできず、スタッフに支えてもらう状態であった。結局、日本は８位で決勝に進むことができたが、メダルに到底届く順位ではない。彼女が２回目のジャンプができるのか心配した。しかし、そんな心配をよそに彼女は２回目98・5メートルを飛んだ。そして着地後、かがみ込みながら泣く姿の切なさに私も涙が止まらなかった。さらに最後に飛んだ小林陵侑選手が大ジャンプ後、高梨選手に対してハグした姿にメダル以上の感動をいただいた。「よく戦った。ありがとう」。その時の彼女にはどんな言葉も通じないと思うが、「誰もあなたを責めることはありません。もう謝る必要はありません。よくやった」と涙とともに叫んだ。高梨選手はゴーグルの中で泣いていた。

翌日、高梨選手はＳＮＳに沈痛な謝罪コメントを載せた。（原文のまま）

『日本チームを応援して下さっている全ての皆様

今回、私の男女混合団体戦での失格で、日本チームみんなのメダルのチャンスを奪ってしまったこと、そして、今までチームを応援してくださった皆様を深く失望させる結果となってしまったこと、誠に申し訳ありませんでした。

私の失格のせいでみんなの人生を変えてしまったことは変わりようのない事実です。謝ってもメダルは返ってくることはなく、責任が取れるとも思っておりませんが、今後の私の競技に関しては考える必要があります。

それほど大変なことをしてしまったことを深く反省しております。

そして、私のせいでメダルを取れなかったにもかかわらず、最後の最後まで支え続けてくれた有希さん、幸椰さん、陵侑、そして日本チームのメンバーのみなさま、スタッフのみなさまには感謝してもしてきれません。

こんな私を受け入れてくれて本当にありがとうございました。

この度は本当に申し訳ありませんでした』

高梨沙羅

あるテレビ局のアナウンサーが「スーツの規定違反は高梨選手の罪なんかではありません。自分のことより仲間の人生について思い詰める責任感があるからこそ、2回目を飛んだし、その責任感がなければ日本代表になるほど自分を追い込めないはずです」とエールを送った。私もＴＶに向かい手が痛くなるほど拍手しエールを送り、また泣いた。

我々は成功した者からは感動を与えられ、それを受けることができる。しかし、時に失敗したときに、成功した以上に感動を受けることがある。今回のケースがそうである。今回の失格を素直に認めるのはどれほど悔しいか。しかし、彼女は文章にそのことを、おくびにも出さず、選手皆さんのメダルを取れなかった人生を考え、感謝の気持ちで文章を締めくくっている。人と人の間にこれほどまでの信頼関係はないであろう。是非これからも競技を続けて欲しいと願う。

剣道の世界でも団体戦ではよくある出来事である。つまり試合でのそれぞれのポジションによってそれぞれの役目があり、試合の流れをできればプラスに、プラスにできなくても流れは変えないところが流れを止めるような負け方をすると落ち込むものである。大将はどちらに転んでもいいのである。しかし、試合後、このように勝負のかかった試合で流れを止めて負けた人がいても、誰一人、その人を責めた事例は見たことがない。もちろん、負けた人は一生覚えているかもしれない。試合を通じて、剣道は「人間形成の道」ということを子供の頃から教えられてきたことかもしれない。

■今は「努力すれば報われる」論に縛られない一番素敵なのは見返りのない努力だと納得

今年に入り新型コロナは新たなオミクロン株を発症し、感染拡大という結果を招いた。それゆえ1月末より2月末まであらゆる道場がまん延防止においてで稽古はできない状態となった。私も2月はたった1回しか稽古ができなかった。3月に入ってまん延防止は解除されたが、私の道場である養心館は北海道神宮の管轄である。ゆえに3月中旬まで稽古は禁止となった。

稽古に飢えている私は3月に入ると、火・木・土・日は朝稽古（北ガスアリーナ札幌）に行き、夜稽古では火は南区、木は清田区、金は厚別区へと行き、日曜は朝稽古の後、北区の体育館へ足を運んだ。皆さんから「頑張っていますね」と言われていたが、その眼の奥には『お前仕事しているのか』と冷徹な視線を感じるのであった。（でも続けるよ）面白いもので、剣道に時間を取ろうとすると、さらに仕事も忙しくなるから不思議だ。これはみなさんも経験していることだと思う。さらに不思議に両方ともに何とか一生懸命できるのだから面白い。

剣道ばかりでなく、いろいろなことをする上でも「私は人より少しでも努力しなければいけない」と思っている。なぜなら剣道しかり、すべてに才能があるわけではないからだ。運動全般、運動神経においても、ずば抜けていることは一つもない。いわゆる「並」である。「並」の人間は、その競技が好きで続けていくには努力が必要なのである。

剣道に関していえば、小中高といつも補欠だった。それでも小中高と続けてきたおかげで、大学が医学部であるがゆえに、1年目から選手になれたのである。小中高のときもほぼ毎日休むことなく稽古したが、選手になった大学時代、授業は休んでも剣道の部活は必ず行った。努力しなければ、「並」以下になるからだ。

昨年、夏季東京オリンピックの水泳選考会で池江璃花子選手が白血病という壮絶な治療を乗り越えて優勝した。その試合後のインタビューで「まさか優勝するとは思っていなかったし、自信もなかった。『ただいま』っていう気持ちで入場した。すごくつらくて、しんどくても、努力は必ず報われるんだなと思います」と語った。

また今年2月の冬季北京オリンピックの男子フィギュアスケートでは、羽生結弦選手はショートプログラムで冒頭の4回転サルコーがステップ時、氷の穴にスケートの刃がはまり1回転となった。このミスが響き8位となり、最終のフリーではメダルに届くことが出来なかった。その時のインタビューでは「一生懸命頑張りました。正直、これ以上ないくらい頑張ったと思います。まあ、報われない努力だったかもしれないですけど。でも、確かにショートからうまくいかないこともいっぱいありましたけど、むしろうまくいかないことしかありませんでしたけど、一生懸命頑張りました」と語った。

池江選手の「努力は報われる」、羽生選手の「報われない努力もある」この言葉どちらもネット上で物議を醸《かも》した。池江選手に対しては疑問を抱く声が意外と多く「成功者の法則に『努力は必ず報われる』という言葉がよく聞かれる。努力すれば報われると思えば、やる気が出てくる。しかし、完璧に努力しても報われない場合もある。世の中そんな人の方がほとんどである。それが何回も続けば、やる気も失せる。自分が許せなく何かを呪って生きていく……」という内容である。羽生選手には逆に「よく頑張った」という4回転半への挑戦を称える声が多かった。

誰かの言葉であるが、次の言葉は今でも私の心の中で生きている。

「努力して勝ったら、自信がつきます。

努力して負けたら、経験となり工夫するようになります。

努力しないで勝ったら、うぬぼれます。自分の成長を止めるきっかけを作ります。

努力しないで負けたら、負け癖がつきます。だから、努力しなければいけません。

努力は能力を高めるばかりでなく、人間として大きくなります」

「努力は報われる」と言われて育った私としては、「報われない努力もある」という言葉も賞賛されることは時代の変化なのかと考える。もし池江選手が優勝することができなければ、きっと彼女は

「次を目指して、さらに努力する」と言ったに違いない……。

そんな折、ＴＶであるタレントが「努力は報われる」と言葉を発した時、明石さんまさんが持論を展開した。「努力は報われると思う人はダメですね。努力を努力だと思っている人は大体間違い。好きだからやっているだけよ、で終わっといた方がよい。これが報われると思うから良くない。こんなに努力しているのに、結果が出ないとなんでやとなる。人は見返り求めるとろくなことないからね。見返りなしでできる人が一番素敵な人やねん」

このように「努力すれば報われる」論に縛られるべきではないと言っていた。これこそ時代に沿った上手い言い方であり、これには納得できた。

努力を通して知識や技術が身につくと楽しくなり熱中できる

■スポーツで成功を収める度合いの自己分析

才能30％、努力80％、環境99％、幸運１００％

私は剣道においてというよりスポーツの場合、成功を収める上で重要なのは、まず才能であり、次に環境であり、そして努力と幸運があって成り立つのではないかと考える。小さなことを積み重ねていく努力（粘り強さ・根気）が必要であることは言うまでもない。それを私の剣道に当てはめたら、あくまで自己分析であるが、それぞれの度合いは才能30％、努力80％、環境99％、幸運１００％である。

才能ははっきり言って30％でも多いかもしれない。小中高と一度もレギュラーを取ることなく剣道を続けてきたので、大学に入り、さすがに剣道部ではない道を選ぶつもりでいたが、剣道部の先輩に突然、声を掛けられ、その夜キャバレーというお店に連れて行かれ、夢心地となって、そのまま入部してしまった。後にも先にも学生時代にキャバレーへ連れて行ってもらったのはこの日だけだった。なんとも情けない男であるが、そのおかげで今もこうして剣道を続けている。

この情けない男も医学部という学部のせいか、入学間もない6月の試合からすぐにレギュラー入りを果たす。すると剣道の面白さを知り、授業は休んでも稽古だけは休まなかった。当時25人前後の部員だったが、同級生でべらぼうに強い奴がいて、私も含めてそこそこ強い奴がもう一人いた。7人制の団体では、我々3人は負けることはほぼなかったと記憶する。よって優勝、準優勝などを数多く経験することができた。

指導は日本体育大学の阿部忍教授（範士八段）で、当時、地稽古はしてもらえず、掛かり稽古だけだった。大変失礼になるが、当時の先生の防具の着け方（必ず胴と垂れの隙間が空く）から、どうしても強い先生に見えなかった。後になってとても高名な先生であることを知った。阿部先生、なにとぞなにとぞお許しください。

努力というかやり抜く力（グリット）には今80％自負している。剣道とは関係ないが一番努力したのはやはり浪人時代である。高校卒業まで勉強ができたから医学部の選択があったわけでもなく、特に塾に通うこともなく、ただ漠然と医者になりたいなぁと思っていた。

そんなわけで浪人生活が始まるが、医学部をめざす周り人との成績はあまりにも差がありすぎて愕然としたのだった。そこから努力？というべきか、2年間勉強一筋に明け暮れた。もう1年浪人したら狂っていたかもしれない。多分形相が違ったのだろう。当時父から「鉛筆の芯は強く書くと折れる」という手紙をもらっ

昭和52年11月10日、関東医歯薬獣学生剣道大会団体戦優勝。前列左から岩崎、円山、堀向、間宮、本間。後列左から須藤師範、井上、藤巻、著者、鮫島、伊藤元明先生

た。合格した時「努力は報われる」という言葉は、自分を変えてくれた言葉になった。だから、剣道で才能が乏しくても努力が補ってくれることを信じて没頭できるのである。20％の足りない部分は年を取るに従い体がついてこなくなった部分である。

環境は充分恵まれていたし、今も満足している。国民がみな貧乏な時代、防具を買ってもらい剣道を続けてこられたことも、大学に行かせてもらいアルバイトもせずに剣道をやれたことも、今、思えば幸せだ。そして今、私の周りに〝師〟と仰ぐ先生が沢山いて、剣道を通して良き友人に巡り合えたことも充分（99％）満足している。

1％の足りなかった部分は、女房の剣道に対して興味のなさである。結婚前は、目を輝かして「剣道は興味あるよ」「かっこいいよね」と言っていたのに……。また、応援も一度だけ来てくれた。もちろん結婚前である。今は、剣道の動画を見ているだけで女房が「なに～そのうるさい声（掛け声）やめて～」となる。あの時の目の輝きはどこに……残念無念?。よって動画はイヤホンが必要となる。イヤホンなしで幸福感に包まれながら「あ～だ、こ～だ」といいながら動画を観たい、観たいよ～。この気持ちのわかる人はたくさんいるはず。

幸運の度合いについて１００％。自分は非常にツキがある人生を歩んでいると思うからである。自己分析の結果、才能に頼らず、素晴らしい環境や自分の持っている幸運があるので、私は努力を積み重ねていくしかない。努力は必ず報われるわけではないが、努力を通して知識や技術を身に付けると「楽しい」気持ちになる。この楽しいからこそ剣道に熱中できるのであった。

密かに古川先生の降臨を祈るが……
またしても自己満足の世界へ

■来年か再来年はついに最終会場かも
七段取得時は関脇だったが、いまは前頭、十両か

今回は前置きが長くなった。審査の話に入る。審査会場は六会場に分かれていた。コロナ禍の前は確か八会場に分かれていて、それぞれ年齢別に審査を受けていた。私は初めて受けた65歳の時は第三会場であったが、来月69歳になる私は第五会場、来年か再来年には

第六会場の最終会場となるのか。（ああ）もはや絶望なる危機感を感じる。

なぜ高齢者の受審者が減りつつあるのか？大きく3つあると思う。一つは健康上の理由。二つ目はコロナ禍のために稽古ができなかったため。三つ目は、ここ数年65歳以上の人が合格していないこと。八段は相撲の番付でいえば横綱。それをめざす七段は大関クラスでなければならない。60歳以上の人は七段取得した時は関脇ぐらいの力はあったかもしれない。しかし、その10年後となると動きが鈍くなるし、悪癖もついてくる。もう番付では前頭、十両かもしれない。そこに横綱を求める気にはならないので、受審を控えることになる。逆に、65歳以上で審査を受けている人は、あくまでも推測であるが、私のように自分の実力を考えていない人か、せっかく審査の受審資格のチャンスが回ってきたので一度は受けてみようといった人が多いのではないか。だから65歳以上の人の合格はいないのではないか。しかし、本当に稀に70歳前後の人が合格すると、もしかしたら……と思う人も多いのではないかと思うのである。

■前回は最終組、今回は午後1番目の組
八段にふさわしい醸し出すオーラを出そう！

「各会場の前に整理番号を持って何番から何番までの人お集まりください」とアナウンスが流れ、私は第五会場の前に行く。今回は前半である。会場に着くとなにか騒いでいる人がいる。60分以内に

渡された「整理番号の用紙がない。ここに置いていた」と。この年齢になると、このような情景は日常茶飯事である。係員が再発行する?本部と連絡している間、その人が右往左往していると、おっ、見つかったようだ。面の中にしまっていたそうだ。これもよくあることである。

こうして全員揃った?ところで、係員が審査の順番を呼び出す。551のA大阪○○さん、B長野○○さん、○○さん、長野○○さんと5回ほど連呼（これも日常茶飯事）すると「は～い」と他人事のように返事が聞こえ、ようやく受審番号をもらう。次C大阪○○さん（やはり京都近郊の人は多いなぁ）D北海道池澤さん（俺?俺?うそ!まさかの1番目の組。（審査員はここを基準にするんだよなぁ?どうしたらよいか?….早く面を着けなくては）前回は最終組で、今回は1番目の組。（神様はいじわるだなぁ。そんなこと思っては駄目だ）ネガティブな発言は禁止。悪い方向に行くからである。

1番目の組としては何が必要?八段にふさわしい醸《かも》し出《だ》すオーラだ。（どうか古川和男先生が私に降臨しますようにと祈る）幸いDなので多少の余裕はある。AとCの立合が見られる。立合を拝見してAもCも癖は強くないように感じた。

■審査開始

古川先生を真似た気合を出すが…

古川和男先生が私の中に降臨してくれるよう願いながら、まずはCと礼、蹲踞。「はじめ」の合図。

お互い声を出さず。間合を詰めていく。剣先が交わるや否や、相手側から「ヤ〜」の声、私は古川先生が乗り移るような感じで、丹田に力を込め「おりゃ」の掛け声を大きく出す。(「やー」のかけ声はどうしても上半身に力が入る。その点「おりゃー」は丹田に力が入るので、この気合が気に入っている)古川先生が降りてきそうな感じだったが、真似したのは掛け声だけで、古川先生の姿はすでにいなくなっていた。(どこへ)攻める。相手は少し引く。(よし、次に攻めたとき相手が引いたなら面を打つぞ)もう古川先生を完全に忘れている。攻める。引いた。「メ〜ン」を放つも、面金に触るだけであった。相手は横に逃げながら返し胴。私の垂れに竹刀が当たる。

(オーラを出せ)と自分に言う。焦る気持ちを打ち消すように。だが打ちたいという気持ちが一杯だ。攻める。私は打ちたくなると相手を狙うようになり右肩が下がる癖がある。その姿にオーラなどあるわけがない。胴を打った相手は、たいてい次は面を打つ。そこで面を見せる。やはり「メ〜ン」と来たところに返し胴。(決まった、と思った)あとは軽いが一本、二本と当たる。そう、今思えば当たっただけかもしれない。打ち切ってはいない。だが、その時は一人目を終えたとき『よし、次もうまく行けば一次は通る』とほんとうに思っていた。やはりお調子者である。

二人目のAと礼をする。「はじめ」の合図。攻めると、相手が下がる。さらに攻めると、また相手が下がる。下がりかたが大きい。これでは面は打てないと判断。もう完全に古川先生はいないどころか私の世界に入ってしまった。オーラのことも忘れている。打つ気持ちがますます強くなっていく。次に剣先を下げ、相手に打たせるように誘う。武田牧雄範士や岡嶋恒範士から言われてきた出頭の面を狙う。（面が来た〜）私も「メーン」。しかしガシャという鈍い音。剣先を下げすぎては出頭が打てるわけがない。上手くいかず。そうしたらすぐに相手が面を打ってくるではないか。すかさず出小手を打つ。（なんとか決まる）このように下がる相手には連続技が良いと判断して、今度は小手・面と軽いものの決まる。まもなく「やめー」の合図。

■審査終了

「行けた」かもと確信したこととは

私は一本も打たれなかったが、打ち切った技は返し胴と出小手だけ。打ち切った面はない。それでも馬鹿な私は、今回は「行けた」かもと思った。審査を終え、会場の後ろに下がると、高井雅一先生（江別・同期）が「良かったよ」と声をかけてくれた。ますます「行けた」と確信した。

審査後、すぐに私と立合したお二人が交互にやってきて、お礼の挨拶を交わした。こんなことは初めてである。ますます一次合格したことを確信。審査の世界でこのような挨拶を交わすことは嬉しいものである。「最初の立合は身体が固く、思うように動けなかったですね」など、一瞬ではあったが心を通わせ合う時間を共にしたのである。まさに「交剣知愛」を実感した。

気分よくすっかり調子に乗った私は着替えもせず、発表を待つことにした。午後1番目の組だから時間はたっぷりある。他の審査会場を見たりし、二次に備えて素振り。それでも時間があり竹刀で剣道形まで復習した。今思うととても恥ずかしいことだが、その時は真面目に真剣に取り組んでいたのである。

収穫あり
二次合格者は攻めて勝って打ち切っていた

■待ちに待った審査発表

「えっ、ない、ないなあ。やはり、ない」

さあ、待ちに待った審査結果の発表。ドキドキしながら（551のDがありますように）しかし、しかし、である。551のDは見当たらず、553のAはあるが（ただ同じ会場だっただけ）、551のDは見当たらない。えっ、ない、ないなあ。ないか。もう一度見直す。やはり、ない。

（あ〜、またか）そうなのである。一次審査の合格発表に私の番号はなかった。うな垂れながら着替えの場所に戻る。着替えする人が多い中、着替えないで二次に備えて顔を紅潮させている人も。「いいなぁ」羨ましい眼差しを向ける。まだ帰りの飛行機までの時間はある。審査会場では後半の人たちが立合をしている。

「審査を終了した人は早く引き上げてください」という係員の言葉とともに、そそくさと着替えをしたが、隠れて見ることはできる。だが、なにか落ち着いて見る気にはなれない。気分が高揚した中で落ちた焦燥感があり心が落ち着いていないせいである。「残って審査を見ていかないのか。だからお前は駄目なんだ」という心の奥からの声が聞こえた。しかしながら（早く帰ろう）という自分を労《いた》わる声のほうが当然の如く勝ったのである。

確かに審査1回目、2回目の時は最後まで見ていた。もう7回も受けていると大体の流れもわかり、二次審査では合格者のオーラの違いが判るようにもなった。なにより今回の審査で課題が分かったことである。今までは打った、打たれたで、これは稽古で補えばいいのではと思っていた。これも課題と考えていたが、漠然としたものだった。攻めているとは、打ち切りにつながることである。これを明確に実現できなければ、いつまでたっても八段には合格しないと痛感したのだった。

■反省

基本稽古・攻めと打ち切りを心がけよう

八段をものにするには攻めと基本の打ちが必要であること改めて認識した。それぞれの段位により、基本技の習得をいかにしているかが重要にはなってはいるが、八段は攻めて、相手を崩し、そこにいかにきちんと正確性を兼ね備えた基本技を出すことができるかである。ここでいう攻めとは真の基本技を出すための準備である。だから、無駄打ちや引き技には攻めがないので無視されるのである。その基本技は相手応じ技は相手を引き出しての技は有効であるが、待っている応じ技は意味がない。その基本技は相手が〝まいった〟と思うぐらい打ち切ることも必要なのである。

ここ最近の2年間、コロナ禍で稽古はとぎれとぎれではあるが、養心館では週3回1時間の稽古が行なわれている。その1時間の稽古のなか、40〜45分は古川先生のもと基本稽古である。これがきつい、ほんとうにきつい。そして先生の指示通りに基本打ちができない。なかなか身に付いた悪癖を直すことができない。稽古になるとこの基本を忘れ、打ってやろう、打たれたくない自分がいるのである。高齢者が受からないのもここに原因があるかもしれない。

今回、審査日（日曜日）の夜10時に家に帰ってきた。興奮して寝むれず午前1時近くまで起きていた。あと1か月で69歳。さすがに月曜の稽古は休んだ。もちろん火曜の朝稽古は出向いた。もはや周りの皆さんからは「審査どうだった？」と声は掛けられなかった。（さびしいなあ）八段の先生方は京都の演武に出ているため山城宏惟先生と今野裕樹先生だけおられ、先に来て防具を着けていたので、挨拶に行くと、初めて「どうだった？」と聞かれた。「いや、審査1番目の組で……」自分の実力不足の点は話さなかった。二人とも優しい目で聞いてくれた。（なんだか嬉しい）

■桜が咲くとなんでこんなに嬉しいのだろう　今年は私を温かく包んでくれる

札幌から京都へ向かうとき、わが家の庭の桜は5～8分咲きであった。帰ってきたときには満開の桜になっていた。桜が咲くとなんでこんなに嬉しいのだろう。特に今回は私を温かく包んでくれている気がする。人生があと何年あるかわからない、この歳になってみると、あの満開の桜を見ると「ああ、今年も桜が見ら

わが家の庭の満開の桜

れたなぁ。自分はあと何回この桜を見ることが出来るのだろうか」と考えてしまう。あの優しいピンク色の桜はこんな感傷的な気持ちにさせる。初雪、ふきのとう、紅葉を見てもこのような気持ちはわかない。きっと厳しい冬を越えて暖かくなって桜を見ると、峠を越えた新しい気持ちが湧き出るのかもしれない。もちろん女房ではなく寄り添う愛犬を抱きながら「今年も桜が咲いたね」と言うのであった。

「自然は美しい」とわかるのも年を取ってのごほうびかもしれない。

「防具が重くなってきた」全剣連も年を取ってのごほうびを少し分けてもらえないかのう、とつぶやくのであった。

金子みすゞ風に詩を作ってみた。

ゴール（八段審査の合格）は向こうから、やってこない
だから近づくため一歩一歩でいい、進もう
それがいつのまにか年齢とともに
一歩一歩遠ざかるようだ

簡単に手に入れれば、簡単に役に立たなくなる
一度きりの人生だ
ひとつぐらいは誰もが簡単に手に入らないものを
追い求めてもいいのではないか
負けてたまるか。熱中できることに感謝
胸を張って不安を打ち消し、自ら苦しみに挑むのだ
それを越えたときの快感を私は知っている
それ故に死ぬまで挑戦!!

第七章　審査員の寸評（実技）　伊藤陽文範士（月刊『剣窓』令和4年（2022）6月号より転載）

新緑眩い京都、西京極の京都市体育館において、剣道八段審査会が実施され、初日、受審者760名、一次合格者61名、二次合格者2名。二日目、受審者572名、一次合格者50名、二次合格者3名。計5名の合格者という厳しい結果となりました。

剣道八段に求められていることは、最高段位に相応しい年齢に応じた「心」「気」「力」「理合」「品位」「風格」であります。

今回の審査で感じた事は、まず立合い前後の所作、礼法に重厚さがない、蹲踞、構えに気迫が感じられない、打突時においては攻め、崩し、溜めがなく軽薄な打ちで、無駄打ちが多く見られました。

受審者の皆さんは、常に真剣に稽古に取り組み、立合い前後の所作、礼法、蹲踞、構え、適正な間合での攻防、崩し、溜め、捨て身で機を打つ、残心等に気を配り、初心に帰り、素振り、切り返し、打込み、掛り稽古の重要性を再認識し、捲土重来を期して更なるご精進をされることをお祈りいたします。

第八章◉八段審査8回目の巻

六・七段合格の
ゲンの良い名古屋で
八段審査会
しかし七転び八転び

父の墓前での女房のきつい一言
審査当日「母倒れる」との一報
肝が据わっていた女房
気持ちが奮い立たない私
審査員は自分と同等以上の技量を求めている
合格の秘訣は相手に四戒を起こさせること

令和4年（2022）8月12・13日　名古屋市枇杷島スポーツセンター

1日目　受審者621名　合格者2名
　　　合格率0.3％（47歳・53歳各1名）

2日目　受審者385名　合格者1名
　　　合格率0.3％（48歳）

「あと一歩です」の評価を引っ提げて
いざ、名古屋の陣へ

今回の名古屋での審査開催時期、世界情勢を見るとウクライナはロシアの侵攻という脅威にさらされており、一方日本では猛暑の中でコロナの第7波が急拡大し、さらに日本各地で降水量史上1位という豪雨を記録していた。世界や日本の情勢を考えると八段審査など取るたらないものだが、受ける者にとっては人生をかけたメインイベントである。

今まで審査会場は京都、東京の2か所だけだったが、今年は初めて名古屋が会場として追加されて年3回受審可能となった。私にとって名古屋は六段、七段の合格した場所であり、いわばゲンの良い場所でもある。よって春の京都審査へ行く前から、お調子者の私は合格するならまた名古屋がいいな?などと心をよぎったのは確かである。

今回、私は2日目に8回目の挑戦だった。「七転び八起き」という言葉があるが、七回も続けて転んだ者が八回目で急に起き上がることができるのだろうか?果たして結果は、またもや一次も通らず、やはり起き上がることが出来なかった。（ああ、起き上がる意欲は満々なのに）審査の苦しさに向き合う自分とは、そろそろ卒業し、生涯剣道として楽しさを求めていくべきなのか?とそんなことがフッと頭をよぎるのであった。

それでも私を審査に駆り出させているのは、剣道に対する姿勢などに少しは成長がみられるからである。但し、それは自己評価に過ぎなかったので何とも言えないが…心の成長なくして、その結果を得ることはできないのだから。それよりなにより、な、なんと7回目の挑戦で、一次審査の成績開示で「あと一歩です」の評価を得ることができ、初めて『剣窓』に受審番号が掲載されたのだ。つまり審査員の評価を得たのである。これは素直に嬉しかった。よって、この「あと一歩です」の評価の力で背中を押してもらったので、今回の審査前の稽古にも熱が入った。コロナ禍であったが、今年に入り１２３回の稽古数にて審査に臨んだ。１２３と数字のゴロも良いし、なにか良いことが起こりそうな気が。そしてこの審査会の一次と二次を含めると数は、なんと１２５（イチ、ニー、ゴー）ではないか。もう合格したようなものだと、ほくそ笑むのであった。

■審査２日前
父の墓前で漏らした一言に、女房のきつい一言

明日の名古屋出発を控え、11日は「山の日」で祝日。お盆を前に女房と父親のお墓参りに行くことにした。お墓周りをきれいに掃除し、花を添え、ろうそくに火をつけ、線香をあげる。線香の香りが心も身体も清め、手を合わせる。後ろに同じように手を合わせている女房がいることをすっかり忘れて、つい口に出してしまった。
「おやじ。八段審査のとき、少しでも力くれよな」
すると、後ろから
「馬鹿じゃないの。そんなお願いしても実力以上のものは出せないのよ。お父さん、ごめんね。聞かなくてもいいのよ」
「……」（し〜ん）
審査前のいつもの出来事であった。願いはただ一つ。（もう一度できるなら改めて優しい人と結婚したいよ〜！）

女房と愛犬

パワースポット熱田神宮に参拝
母の容態が気になって気持ちが奮い立たず

■審査当日
母が倒れるとの電話

名古屋のホテルの朝でもいつも通り午前5時に目が覚める。ベッドの上で適当に体を動かしながら、まだ昼まで十分に時間があるので、六段・七段の時にも訪れたパワースポットである熱田神宮へ行くことに決めた。

熱田神宮は織田信長が桶狭間の戦いの前に立ち寄り、戦勝を祈願し、戦闘力は完全に不利だったのにもかかわらず、今川義元を倒したことで有名である。私も八段にはほど遠いにもかかわらず、織田信長の恩恵を授かるため〝勝ち守り〟のお守りも買うことに決め、早速タクシーに乗って熱田神宮へ向かった。

早朝のさわやかさと相まって、静寂な神宮の参道の玉砂利を踏みしめながら歩くだけで身が引き締まる。いくつかの門をくぐり本殿へ。500円玉2枚を賽銭箱へ（八段という御縁（五円）が100×2倍つきますように）と参拝する。その時、なぜか2日前の女房の「馬鹿じゃないの」の声が聞こえてくる。（気にしない。気にしない）というものの、やはり気になる。よって、「八段合格しますように」と願わず、「自分の実力以上のものが出せますように」と神さまに手を合わせる。清々しい気持ちになることが出来た。

早朝にもかかわらず、本殿の横には各種のお守りが売られており授与所が開いていた。早速お守りを買いに行く。神官用白衣の若い男性がいる。

「おはようございます」と声をかけるも

「……」無言。

（若いから早起きは辛いか？でも立場上、挨拶はできるよな）少し嫌な気分となる。参拝後の清々しい気分はどこかに消えてしまった。残念である。そのため、「勝ち守り」を買うべきかどうか、少しだけ躊躇したが、結局購入した。買うとき値段を言われただけで、お守りを渡すときも無言である。相手を気持ちよくさせるのも神官の役目と思うのだが。（なんか幸先悪いなあ）

午前8時ごろホテルに戻り、朝食をとる。バイキングであるが、ご飯はもちろん大盛り、納豆2個、生卵、鮭といつも通りの朝食とする。部屋に戻り、先ほど買った勝ち守りを胴の裏側につけ、ベッドで寝ながらいろいろな先生方の助言を書きとめたノートを読んでいた時だった。

（突然の電話の音、ん誰？）女房からであった。

「あなた。施設から今電話あって、お母さんが倒れて意識がないそうよ。でも脈、血圧は落ち着いているので今から救急車を呼ぶそうよ」（頭の中が混乱する）

「帰った方がいいか？」

「まずは病院が手配されてから、また電話します」（落ち着かない）

数分後、また電話の音が鳴る。

「もしもし、中村脳外に行くそうよ。脳出血か？脳梗塞だって。意識は少し戻ったそうよ」

「意識が多少戻ったなら脳梗塞だな。俺はどうすればいい？」

「今はどうすることもできない。だから、あなたはそこで頑張りなさい」（こういう時の女房は肝が据わっている。さすが私の女房である！）安心感が漂う。

電話が切れた後も、いろいろなことが頭を駆け巡る。（帰るべきか。とにかくおふくろがんばれ、死ぬな）

1時間後、再度電話がかかってきた。

「今、ドクターに代わるからね」

お互い自己紹介した後
「お母さんの病状は、もともとのがん病巣（子宮頸がん）から全身に転移しているがんによる脳梗塞です。今後は……ということで……」

「先生の判断にお任せします」先生との会話から特に今、急に死に至ることはないこと確認した。ただこれを直接、医者に聞くと「年齢92歳、全身のがんの転移からいつ何時死に至ってもおかしくない」という返事がくるのは間違いない。医者がゆえにわかる。

電話を切り、ベッドに横たわる。母の笑顔と今の意識のない母の顔が交錯する。とにかく苦しくないようにと願い、涙が頬を伝わった。気持ちを切り替えてと思うが、何もする気が起きない。風呂に入ってゆっくりストレッチと思っていたが、気持ちを奮い立たすことが出来ない。時間がズルズルと経ち、出発する時間となった。

■審査2か月前
母のがんが見つかる

ここで時を審査の2カ月前に戻す。今年5月末、突然診察中に婦人科の医者より電話があった。母は一人で受診したとのこと。そのときに結果の報告と家族の面談を1週間後に予約した。今日その予約日であったが、時間になっても来ないので直接、息子の私に電話したとのことだった。内容は性器出血で受診して、診察で末期の子宮頸がんが判明したとのこと。私も診察中だったので一方的に報告だけを聞いて、母は多少の認知症であるがゆえに日にちのことを忘れたことと、後日、女房とともに受診させることを約束して電話を切った。

落ち着いてから母に電話すると、悪びれることもなく「あ、そうだったかい」と。夜は母のところへ行き、経緯を聞いたが、さすがに医者とはいえ、母に女性の性器にまつわることを深くは聞けないものである。とにかく一人で婦人科の病院を受診したことに驚いている。母親も息子ゆえに相談しないで受診したのであろう。

やはり治療は、札幌市白石区菊水にある北海道がんセンターでということになった。そのときに子宮頸がんは末期で全身に転移があるという報告を受ける。余命3か月〜3年と告知される。1週間後、私は医者に母は92歳と高齢で、全身に転移もあり、認知もあり、「このまま家で看取っても良いですか」と聞くと、医者は

「このがんは、がんのある膣と尿道とか直腸とかに瘻孔《ろうこう》（穴が開き）を作り、膣から尿・便・出血と入り混じった滲出液《しんしゅつえき》が出て、とんでもない異様な臭いとなり、それが家庭崩壊にもつながることもあるので、入院して手術はしないまでも放射線治療は必要です」と強く言われた。

さらに「病状が悪化した場合はターミナル緩和病棟を用意します」と付け加えた。ついに放射線病棟へ入院になった。主治医はサバサバとした女医さんである。

「お母さん、出血は気になりませんでした？」

「メンスが来たかと思いました」と母は真面目に答えていた。

（確かに母のトイレの棚には大量のナプキンが積まれていた。尿漏れのためと思っていた。息子でも聞けない領域である）

「……ハハハ」と女医さんは笑う。

「どうして子宮頸がんになったのだろうね？」

「そうね。加齢もあるし……」

「もうお父さんが亡くなって10年以上経つのに（母は摩擦でがんになると思っている）」「ハハハ、お母さん面白い」と女医さんが椅子から転げ落ちそうになる。

最後に、鼻をつまみながら
「瘻孔が作られるとすごい臭いだから」と言い「治療はしましょうね」と付け加えたその後なんとか無事に放射線治療を終えた。

がんセンターからそのまま私の病院へ転院し、しばらくの間、様子を見ていたが、本人はがんであることはもちろん、がんセンターに入院していたことも忘れていた。その後、認知症も受け持ってくれる内科医のいる老人ホームへ移った。告知を受けてから3カ月経過したが、特に症状に変化もなく過ごしていたのだった。

そして審査前日には飛行機に乗る直前、母に電話した。元気でいること確認。母は「七人兄弟すべて亡くなり私一人。生かされていることに深く感謝している。ありがたい」と言う。これは最近の口癖なので気にも留めないで聞いていたが、いざ倒れたときは、この言葉を言っている母の声の抑揚などが一番先に思い出された。

着替えする隣でおにぎりを食べていた彼が八段合格　私の運は母が生きぬいてくれたことに。それでいい

■いざ審査

相手の気合に乗り返すように気合を出すが……

2日目、60歳以上は午後の審査である。受付ですぐに第三会場と告げられ、着替えも会場ごとに分けられていた。その場所に着くと、午前中に一次通過した人が、会場の隅の通路でおにぎりを食べていて、その横に防具を置いた。彼はたくさんの友人がいるのか、よく話しかけられていた。

私も着替えを終えて周囲を見渡すと、これから審査なのにおにぎりを食べている人もいる。これも老人ならではの独特な感覚である。「腹が減っては戦ができぬ」しかし、この行為は医学的にはあまりお勧めはできない。

会場は六会場。人数もいつもの半分ぐらいと推測する。私は第三会場。つまり私より年上の人70歳以上の方が第四・五・六会場にいるということ。つまり、午後の受審者の半分は70歳以上である。これだけで元気がもらえる。

私は354C、この会場の4組目。余裕がもてる。1組目2組目を見るも構えはいいが、元気がない。

攻めの動きがない。（ここは大きな声と元気な攻めの中で目を見張るような一本が出れば一次通過だなあ）相手を見ると私とほぼ同じぐらいの体格と身長である。

「はじめ」の合図。（元気いっぱいにやるぞ）蹲踞から立ち上がり一歩前に。ジリジリと攻めると先に相手の気合の声が。それに乗り返すように「オリャー」と腹の底から気合を掛ける。攻めの心が剣先に兆《きざ》している。心の中で（さあ、こい）左足に体重を乗せる。相手が動く。出頭の面を狙う。当たる。しかし当たってはいるが、打ち抜くというか、打ち貫くような勢いはない。まだ硬い。後半は「さあ、来い」は忘れ、いつもの「打つぞ、打ちたい」で終わった。二人目も打ち抜く強さからの正確な打突を出すことはできなかった。

■審査発表

まさかはなかった。成績開示評価はBだった

今回、手ごたえは少なかったので、一次審査発表時、あまり期待しないではいたが、まさかもあるかもしれないなどと自分勝手に思うのであった。一斉に合格者の番号が張り出される。（ない…番号が、え?!誰も）なんと第三会場は一人も〝合格者なし〟である。隣の第四会場も「合格者なし」と聞こえてきた。つまりこの二つ会場には午後から一人も一次合格者なし。厳しい結果である。

あとで知ったのだが、私の審査会場には古川和男先生が審査員でおられたそうだ。知らなくて良かった。緊張が倍増したに違いない。(でももし知っていれば、かえって緊張感が良い方向へいったかも知れないと勝手に思うのだった)

まだコロナ禍で早く帰るようアナウンスされていたが、すぐに二次審査が始まるので、ゆっくり着替えて、二次審査を観ることにした。先に着替えは会場ごとに分けられていて、且つ一次合格者はいないことから、私以外観覧席にはいないのである。遠くから拝見するのだが、やはり二次審査の迫力は伝わってきた。蹲踞から立ち上がる。構えて回るものはほぼいない。すぐに打ち合うこともない。初太刀の取り合い。じりじりとお互い間合を詰めていく。気合は会場に響く。会場入りした時におにぎりを食べていたあの彼がいた。大きな構えと真っ直ぐな打ち。ひと際、目立っていた彼だった。その後60歳以上の人の審査を観るが、気合は段々と小さくなり、これと言った〝冴えある打ち〟は見られなかった。残念である。

私にとって今後の課題は、大きく冴えのある打ち、つまり「トン」で終わるのではなく、「トオー」となるように打ち貫く勢いを身に付けなければいけないと思った。

2日目の合格者は1名。その1名は、私が会場に着いて着替えをするときに隣りでおにぎりを食べていた彼だったのである。私は知らなかったが、名の通った人だと後で聞く。偶然隣同士になったことで、なぜか嬉しかった。何故なら私が、熱田神宮の運を持ってきた感じがしたからだ。私自身の運は母が何とか生き抜いてくれたことに使われたのだから感謝している。

一次実技合格者に対する成績開示評価のハガキを申し込んでおいた。Ａが「もう一歩です」（剣窓で発表）、Ｂが「ある程度の評価です」、Ｃが「極めて厳しい評価です」の３段階の評価に分けられている。３週間後に届いたハガキにはＢの文字。何とも言えない微妙な結果であった。（うーん）

八段審査員の目が厳しいのは自分と同等以上の技量を求めているから

八段審査の審査員は、もちろん八段。剣道の最高位も八段。それ故、今、強い八段の先生方が審査員になっている。これは当たり前と言えば当り前である。そこで八段という最高峰の既得権益を守るためにも自分たちと同等の技量、あるいはそれ以上の技量を持つ者しか合格させないのである。その合否判定をするのが強い八段の先生方となると合格はいかんせん簡単なものではない。今後の伸びしろなどを考慮した合格などはあり得ない。以上の理由より八段の合格率は非常に低いものになっているると推測する。その反動なのか？七段に対してはそれを補うように合格率は非常に高くなっている。

今の私にとってこれはとても厳しい状況であるが、もし私が仮に八段取得したならば、やはり同じように厳しい目で神業を求めて審査するであろう。仕方ないことだ。

■合格の秘訣は四戒にあり
自分には起こさせず、相手に起こさせること

母親の容態も落ち着き安心して帰ってきた。
いつもの養心館へ稽古に行くと、すでに古川和男先生がいらして「どうでしたか?」と先に聞かれる。(私の審査会場の審査員として古川先生がいたのだから、こちらのほうが先に「いかがでしたか?」と聞きたいのに)
「これぞ一本という打突がありませんでした」(古川先生の前だと69歳にもなっても小学生のように言葉を探してしまう。語彙の少なさに情けなくなる)
「そうですね。自分の驚・懼・疑・惑の四戒を脱することも大切だが、相手に対して四戒を起こさせ、その隙を見て大きな技を出す必要があります。それが昇段審査です」
四戒は自分に向けている言葉だけと思っていたが、確かに強い先生方は相手に四戒を向けている(起こさせている)ではないか。それが格の違いである。
その日の基本稽古は大きな技を取り入れたものばかりで1時間。へとへとになった。(疲れたよ〜)
今は週に8〜10回稽古。なぜそんなに稽古するのか?と聞かれる。もちろん〝下手くそ〟だからだが、

大きな理由は剣道において「自分の力以上の理論はなかなか理解できない」からである。小学生に中学生の連立方程式や関係代名詞の話をしても理解できない。大人はわかる。しかし、その応用をもう忘れているからできない。

剣道においても先生方が指導して下さる。言葉ではわかっていても、自分の実力がなければ、その言葉の意味を半分も理解していないのである。だから同じことの指摘を何度も受ける。すぐに身体は動かすことができない。それを補うのは工夫を伴いながらの習慣にする稽古しかないと思う。稽古で正しく動く体を習慣にすることが大事なのである。したがって、自分の力がついた時、今話している指導者の言葉の意味がわかり、身体も動くようになる。ここまでたどり着くには稽古量しかないと思っているからである。

■なぜ不合格体験記を書き続けるのか？
みんなを楽しくさせて喜ばせたいからと次につながるヒントと課題をみつけること

稽古では「(八段に) いける」と思う日々20％、「まだまだ」50％、「全然だめ」30％というバランスで稽古を続けている。それにもかかわらず、この体験談を書いているのは、いつか八段に合格するというほのかな期待を抱き書いている (笑)。

私は今、八段を取得するために、どうしても必要な経験を集めているだけ。八段の人はたくさん稽古して、逆境を乗り越え、どんな状況にも負けない強さを養ってきたのである。だから私にとって八段になることは、どんな状況にも負けない強さを持つことと同義でもあるのであった。

そこで体験記を書くことで、次につながるヒントや課題をみつけることができ、その一つ一つを乗り越えるべき目標として、たくさんの稽古をし、課題を乗り越えていくしかないのである。乗り越えた課題や逆境の数だけ強くなれることを知っているからこそ。

スターウォーズ（エピソードⅧより）ヨーダ（ジェダイの最高指導者）からルークへの最後のレッスンの名言に

「お主が学んだことを伝えるのだ、強さ、熟練の技、また弱さ、愚かさ、そして失敗も。失敗こそ最高の教師じゃ。その失敗を超えていくことを教えることが真の責務だ」

私の失敗の体験談も反面教師として捉えてくれたら、非常に嬉しく思う。また、その失敗を楽しく読んでいただけたら、人を喜ばすことが大好きな者としてとっても嬉しいし、それに反応してくれる読者がたくさんいるので、これからも書き続けていきたい。

人生いろいろ
泣いて笑って、笑って泣いて、今日も明るく生きようよ

生きているうえで泣き笑い怒りはつきものである。
次に誰が書いたか知りませんが、ジーンと腑に落ちる言葉を次に紹介する。
人って
「シクシク」って泣きますよね。
「ハハハハ」って笑いますよね。
4×9＝36　8×8＝64
答えを足すと、100になります。
人生を100とすると
悲しいことは「36」、
嬉しいことは「64」、
嬉しさは悲しさの倍近くある。
どんなに号泣（5×9＝45）しても半分以下。
人生は泣き笑いで100。

「日々是好日」を願うも、いろいろな出来事が生じる。私は相変わらず不合格を続けているが、今回は私の結果よりも、母が無事でいてくれたことに安堵している。母自身の人生の終末において、母らしく過ごしていけるように見守っていきたいと思う。

喜多川　泰著「父からの手紙」のなかで「誰よりも多くの成功を手にした人は、誰よりもたくさん挑戦している、と同時に、誰よりも失敗を経験しているのだ。…成功した人がかっこいいんじゃない。挑戦し続ける生き方をするのがかっこいいんだ」と。

生きているだけでいろいろなことが起きる。人生いろいろ。これからも挑戦し泣いて笑って、笑って泣いて、今日も明るく生きて行こう。

第八章　審査員の寸評（実技）　渡邊哲也範士（月刊『剣窓』令和4年（2022）10月号より転載）

猛暑の中、名古屋市枇杷島スポーツセンターに於いて、剣道八段審査会が8月12日、13日に実施されました。

初日、一次実技受審者621名、二次実技審査合格者2名。2日目、一次実技受審者385名、二次実技審査合格者1名、計3名の結果でした。

審査については、新型コロナ・熱中症を警戒しながら制限の中での稽古で、稽古不足が見受けられました。蹲踞から立ち上がり気力（気迫）もなく、間合の攻防もなく、いきなり近間（打ち間）からお互いに打ち合いになり無理、無駄打ちが多く見受けられました。普段から一足一刀の間から中心を取り、攻め崩し理に合った剣道、正しい剣道の積み重ねによって自然に品位・気位・風格も備わって来ます。審査は平素の稽古がそのまま表れるもので、近間で打ち合いの稽古ばかりしていると合格の可能性は低くなると思います。

上手に掛かるだけが強くなるのではなく、下手を遣って強くなる、との教えもあります。更なるご精進をお祈りします。

九段坂から望む日本武道館と桜

第九章◉八段審査9回目
そして最終回の巻

ま、まさかの
まさかで八段合格
常日頃手を合わせていた母
なにかいいことがあると
「それは私が
祈っていたからよ」

尊い母の存在。感謝の気持ちを教えられる
俳優長谷川初範氏は高校剣道部後輩
我が病院でクラスター発生する
一次審査前、人違いのハプニングで気が楽になる
二次番号はトリプルワン・ウルトラCの「111C」
夜空に向かって母と葛西に感謝する

令和4年（2022）11月24・25日　日本武道館

1日目　受審者795名　合格者7名

合格率0.9％（50歳2名、46歳・52歳・53歳・66歳・75歳各1名）

2日目　受審者879名　合格者9名

合格率1.0％（47歳2名、50歳・51歳・59歳・65歳・67歳・69歳・74歳各1名）

ま、まさかのまさかである。永遠に続く（?）と思っていた、この八段審査不合格体験記の最終回がくるとは。本人が一番驚いているのだから、周りの人はもっともっと驚いていると思う。
はい、本気で頬をつねってみたら、痛くて痛くてと夢ではなく、そう、正夢になってまさかのまさかで合格したのである。だから今回は合格体験記。（パチパチ）
なにしろ9回目の今回は審査前からゴタゴタしていた。この1か月余りの間に、母が亡くなり、ねんりんピックの出場があり、さらに当院の病棟で新型コロナのクラスターが発生し、ようやく一息つけたのは審査会の直前であった。

審査1か月ほど前、母は安らかに天国へ旅立った
二次審査直前、母の笑顔を思い浮かべ「祈ってくれよ」と

■尊い母の存在。感謝の気持ちを教えてくれた
「あなたもわたしも明るいのはお昼に生まれたからよ」

母が亡くなった。92歳で人生の幕を閉じた。
「私が明るいのはお昼に生まれたから。あなたが明るいのもやはりお昼に生まれたからよ」と訳の分からないことを言っていたが、死ぬときもお昼の1時過ぎに亡くなった。訳の分からないことも、この期に及んでもなぜか辻褄が合う。とにかく明るい母だった。

8月中旬、脳梗塞で脳外に運ばれ、コロナ禍で面会はできないが、その後、自分で食事がとれ、歩くこともできるようになったと報告を受けていた。がんのこともあり、がんセンターの緩和病棟への転院も決まっていた矢先、コロナを併発。その4週間後、コロナは陰性になり、9月末がんセンターの緩和ケア病棟へ転院となった。面会時間15分、1日2人までという規則の中、6週間ぶりに面会した。

しかし、そこには私の知っている母の姿はなかった。脳梗塞・コロナという大きな病気から生還してきた体はわずか20数キロしかなく、棒のような細い脚と腕、ボーッとした意識のもと、食事はとれず、話しかけても反応は鈍く、生気は全く感じられなかった。それでも声掛けに痩せこけた顔から時折見せる笑顔に、母の面影を見ることができた。いつもは「おふくろ」と呼んでいたが、その時はなぜか「おかあさん」という言葉で話しかけていた。私の中で死期を悟ったがゆえに、私を育ててくれた子供の頃に戻り「おふくろ」という対等な言葉が閉まわれ、「おかあさん」という自然体の言葉が出てきたのだと思う。

面会の後、看護師に呼ばれ、今後の話し合いがもたれた。「延命治療は拒否する・しない？」である。

母は92歳、病気と闘っているのだろうか？母は眠りながら生きてきたことに感謝し仏様の手を探しているようだ。つらいが延命治療を拒否した。ただ、私がその書類にサインをすることはできなかった。女房が私の代わりにサインをしているとき、ふと窓から空を眺めていると青空のもと、やわらかい布団のような雲が泳いでいた。自然に涙があふれた。「おかあさん、ごめん。これでいいよね」と。

その後、何回か面会し話しかけるも、下腹部の痛みがあるということで少量のモルヒネが使われており、ほぼ寝ている状態で、笑顔を見ることができなかった。

転院してから3週間後の10月16日朝6時に病院から危篤の電話が入った。すぐに病院に駆けつけるも、もはや手首からの脈は測れず血圧は50以下と推測した。まだ温かい手を握りながらたくさん感謝した。お昼になりだんだんと手が冷たくなり始め、呼吸も浅くなり死期が近づいていることがわかった。

午後1時過ぎ、私と女房は最後の一息まで手を握り看取ることができた。二人でしっかり看取ってから、医師と看護師に連絡した。午後1時57分永眠と告げられた。安らかな顔であった。母は幸せな一生に幕を閉じた。「ありがとう。たくさんありがとう」と心の中で涙とともに叫び続けた。

母は常日頃、手を合わせて祈っていた。なにかいいことがあると「それは私が祈っていたからよ」と言っていた。私の剣道にはさほど興味がなかったのか、あの頃の多くの母親はそうだったように生活が忙しいのか、小中高の間で試合を見に来てくれたことはない。ただ一度だけ小学校の卒業式後に行なわれた昭和41年の水戸の全国大会にはほとんどの選手の親が来たので、それには一緒に来てくれた。それぐらいしか記憶にない。

最近も「まだ剣道やっているの?」と聞くぐらいである。そのため、七段合格したときも母には知らせていなかった。知人が「合格したって、凄いね」と言うと「私が祈っていたから合格したのよ」と言っていたと知人から聞かされた。

こんなこともあった。実は私は1浪で、ある私立大学の医学部に受かっていた。大学から家に電話がかかってきた時、父は出張で不在のため母が出て「そんなお金はない」とすぐに断ったそうだ。母にとっては私大医学部の授業料は国立大学(当時4万前後)とそれほど変わらないと思っていたそうだ。まあ高くても10万20万程度。あまり私立大学のことを知らなかったのだろう。2浪が決まった段階で教えてもらったが、家の事情から私も仕方ないと思った。その時、いつものように母は「祈っているから大丈夫」と言った。2浪はしたものの、おかげで希望の東京医科大学(当時学費28万)に入れたので、今思うとほんとうに良かったと思う。この話は母との食事会で時として笑い話となった。

そして今回の八段審査の二次審査で順番を待っているとき、母の笑顔を思い出し「祈ってくれよ」とお願いした。思いが通じた。やはり母はいつでも祈ってくれていたのであった。(ありがたい)

ところで母という字の、なかの点々は〝おっぱい〟の点々と思っていたが、違うそうだ。口の中に割り算のマーク、それは自分が食べたくても子供に分け与えるという意味だそうである。「人生嫌《いや》になったら苦労して育ててくれた母を思え」と誰かが言っていた。母の存在は本当に尊いものである。祈る母の姿が目に浮かぶ。

ねんりんピック参加、剛直で気骨ある個性豊かな札幌市チーム不測の事態が起こり4人で戦う。何事も前向きに前向きが良い

■ねんりんピック開会式、青春時代の音楽で盛り上がる高校剣道部後輩の俳優長谷川初範氏が応援に駆けつける

私は今回でねんりんピック3回目の参加である。最初にねんりんピックに出場したのは62歳だった。その大会の書類が送られてきた際、それを見た女房が「あなた、老人クラブから書類が来ているわよ。いつから老人クラブに入ったの?」と聞かれた。見ると、確かに差出人は「札幌市福祉センター老人クラブ」と書かれている。気がつけば私は老人の仲間入りをしたのである。そういえば、急に膝・腰が痛く、正座もつらくなってきた。でも、その当時は片足を上げて靴下を履くことができたが、現在は壁に寄りかかりながら履いている。もう完全に老人である。

今年のねんりんピック開催地は神奈川県である。5月に札幌で高齢者の大会が行なわれ、札幌市のメンバーとして5人が選考された。先鋒・久保田克己、次鋒・稲堂丸基、中堅・私、副将・松井則之、大将・古賀勝男各先生の5人である。ねんりんピックでの剣道は七段以下の参加で大将が70歳以上、副将が65歳以上、残る先鋒・次鋒・中堅は60歳以上で年齢の若い順に先鋒から並べるという決まりがある。そう考えるとこの5人の平均年齢は少しほかのチームより高いが、剣道に対する心構えはどこにも負けないと思う。よって試合になれば〝気〟で年齢を覆すことは十分できるメンバーである。出発11日前、その福祉・老人クラブで決起集会が行なわれ、前日と当日のコロナの抗原検査キットを渡された。決起集会における古賀先生のチーム紹介では『剛直で気骨のある面々、個性豊かな札幌チームです。各自の持ち味を存分に発揮して、交流大会を大いに楽しみたい』と意志表示していた。その後、居酒屋へ行き、親睦と士気を高めた。気分はさらに高揚し、試合が待ち遠しかった。子供の遠足の時のように、何度も竹刀・防具等、旅支度の点検を行なった。

ところが出発前日、夕方4時頃、何気なくメールをみると松井先生から「コロナの症状はないのだが抗原検査がプラスとなった。行けない」と。唖然《あぜん》。すぐに当院に呼んで、再度抗原検査を実施するが、やはりプラスだった。残念だったが、もっと辛いのは本人である。札幌市は4人で戦うことになった。不戦敗は二本負け。松井先生はポイントゲッターだったゆえに、この大会のルールからトーナメントを勝ち上がることは非常に難しくなった。しかし、私が二本勝ちすれば4人でも行けるかも（？）と思う、自信過剰の自分がいたのである。

開会式は横浜アリーナで行なわれ、三笠宮彬子女王殿下にご臨席を賜る。式典の模様は巨大スクリーンに映し出され、司会は女性アナウンサーと榊原郁恵さん（歌手・神奈川県出身・63歳）で進行した。神奈川県知事黒岩祐治氏の挨拶の後、何人かの来賓挨拶があってそれぞれの県・市の代表者の入場行進（いつもなら選手全員で行進をするのだが、コロナ禍のため代表者のみとなった）。さらに河村隆一さん（歌手）の君が代、草笛光子さん（俳優・89歳とは思えない美しい人だった）の応援メッセージがあった。

アトラクションは、60代70代の方々の青春時代の思い出の音楽が次々に披露された。ビートルズ（生バン

ねんりんピック開会式in横浜アリーナ

ド・Love Me Do １９６２年）・ザ・タイガース（生バンド・シーサイドバウンド １９６７年）・トアエモア（本人出演・虹と雪のバラード １９７２年）・おニャン子クラブ（若い子たちの踊り・セーラー服を脱がさないで１９８５年）などなど、やはり青春時代の歌は感慨深く開会式の盛り上がりは最高潮に達したのであった。

遠征３日目でようやく大会である。会場は伊勢原市。大会は各県と政令指定都市の67チームが参加し２日間にわたり試合を行なう。１日目は４チームのリーグ戦で２試合を行ない、勝者や勝本数などで上位１チームが、２日目の決勝トーナメントへ進むことができる。

我が札幌市チームは石川県と栃木県と戦った。応援には、紋別市出身、紋別北高校剣道部後輩の俳優長谷川初範氏も来てくれた。私の一つ下で幼稚園から家族

ぐるみの付き合いで、今はよき友である。試合の詳細は道連広報誌に久保田先生が執筆するので詳細は省く。残念ながら石川県（1勝2敗2引き分け）、栃木県（1勝3敗1引き分け）と全敗であった。私自身の成績は1敗1引き分けである。中堅の私は二本勝ちでチームに勢いをつけようと思っていたのに、逆にチームの腰を折ってしまった。（ああ、恥ずかしい。こんなんで八段受審しているのもなおさら恥ずかしい。あれほど稽古したのに、なさけない）かなり気落ちした。

夜は4人で心の傷を酒で癒しに行った。久保田先生の話術で酒席は盛り上がり、いつのまにか「また。頑張ればいいや。2年後のねんりんピックに出る」という気持ちになった。何事も前向きに前向きが良い。

翌日は午前中、準決勝・決勝の試合を観た。優勝は神奈川県だったが、相手の山口県の大将の剣道の上手さを感じた。スーと入ってトンと打つ。姿勢は崩れない。これだ。あの上手さは目に焼き付いている。こういう人が八段を取るんだなぁとも思った。

■試合後、我が病院でクラスター発生の連絡
対応は信頼するスタッフに任せる。感謝しかない

そこへ病院から突然の電話。病棟でコロナのクラスターが発生したという。病棟は閉鎖すること、2週間は手術しないことを指示した。幸いコロナ感染陽性の患者さんに重症者はなく、高熱もほとん

どない状態であった。とはいえスタッフは目が回る忙しさであろう。（申し訳ない。感謝しかない）

コロナ対応は信頼するスタッフに任せて、私は午後からは伊勢原市にある日本遺産・大山詣《おおやままい》りへ。大山詣りとは、鳶《とび》などの職人たちが巨大な木太刀を江戸から担いで運び、滝で身を清めてから奉納と山頂をめざすといった、他に例をみない庶民参拝である。江戸の人口が１００万人の頃、年間20万の人が参拝に訪れたとか。大山阿夫利《おおやまあふり》神社参拝するためには、長々とつづく階段（３６２段）を登り、さらにケーブルカーに乗って行かなければならない。古賀先生の膝への負担を心配したが、心配無用で、逆に私の膝を案じた。

階段の横には多数の旅館やお土産屋が立ち並ぶ。登りきると、そこにケーブルカーの駅がある。ケーブルカーで急な勾配を登った先に到着駅があり、駅から少

し歩いて神社に到着。そこから見える絶景の景色は素晴らしいものだった。お焚き上げの場があり、ご利益があると聞いたので「八段合格」と書くと、隣の久保田先生がそれを見て笑っていた。すると久保田先生も「八段合格」と書くではないか。（ウフフ、やはり思いは同じなのだ）

剣道観を変えた3日間の先生方の金言　きっかけと理解力がマッチングすれば人は変われる、変われた

■審査1週間前
女房からの叱咤激励（？）「もう年1回にしたら」

ねんりんピックから帰って来てもう8日後には審査日である。しかし朝稽古へも行かないでいると、女房が「どうしたの？ねんりんピックで燃え尽きちゃった？今、審査はただ行くだけになっているから、もう1年に1回にしたら」と言われた。その通りだと思った。

11月19日（土）、月例会にて炭屋尚宏先生に稽古をいただく。

「構えで打ち気が強すぎていて右手に力が。右手に力が入ると面を打っても、まっすぐ打てない。右に逃げる打ち方になる。だからこそ、さあいくぞ！ではない。力を抜いて、さあこい！ですよ」と

目から鱗の言葉であった。

11月20日（日）、札幌市北区へ出稽古。岡嶋恒先生の立会のもと、八段審査の模擬審査を行なう。

「八段受ける人はみなさん強いですよ。その人にやみくもに打っても当たらないし、お互いにガシャとなるだけ。どうしたらいいか。相手は隙がないところに打っては来ない。だから隙を見せて、打たせて打つ。引き出して打つ。面を見せて出頭の面。小手を見せて相小手面」これも目から鱗の言葉であった。

11月21日（月）、いつもの養心館へ行く。古川和男先生が基本稽古で返し胴の指導をされていた。

「返し胴はパン・パーン（二拍子）ではだめ、パッ・パン（一拍子）」これは見本を見せていただき、なぜ今までそれを気にして胴を打っていなかっただろう。みたび目から鱗の言葉であった。2週間前にも先生から出頭の裏面も教わった。最近、先生は言葉に出して教えてくれるのでとても理解できるようになった。

まさかこの3日間の先生方の一言一言が私の剣道人生を変えるとは知らなかった。だから人生は面白い。

チャンスは本当にあらゆるところに転がっているのだと思う。確かに以前から何回も聞かされている指導の言葉であるが、本当に面を打っても右に流れ、面を打つ機会の捉え方もわからず、胴も何気なく返していた。それがこの3日間で確認ができたのだった。よって目から鱗の言葉、そう金言の連続であった。

実はこの月曜日、私は稽古時間に遅れたのだった。道場に入ったちょうどその時、返し胴の指導をしていたのである。それを聞いてから防具を着けたが、地稽古は始まっていて、古川先生にはたくさんの方が並んでいた。私が3日後、審査に行くことを知っていた清水律男先生が自分の番を私に譲ってくれた。ありがたかった。このように小さなことも含めてみなさんのお陰で合格の準備ができていたと思う。感謝しかない。

11月23日（水）は祝日だったので、鏡を見ながら一人稽古。

11月24日（木）、仕事が終わってから午後7時の飛行機で東京へ。泊りはいつもの東京ステーションホテルである。このホテルの部屋は、天井が高いので素振りができるのがいい。左のひかがみを伸ばし左足の前足部で蹴るように腰・足・腕の順で繰り返しながら素振り。また相手の間合への入り方を確認。この間合の入り方は私なりに五つある。一つめはオーソドックスに竹刀の鎬を利用して。二つめは竹刀を相手の竹刀に乗せるように。三つめは相手の竹刀の下におき鍔元に剣先がくるように。四つめは相手の竹刀の表から、あるいは裏から回して。五つめは間合に入った瞬間に、相手に面の隙を見せるように少しだけ竹刀を開く。以上の五つである。もちろん、それぞれ相手の剣風により使い分けている。すべて上手くいっているわけではないが、意外に功を奏していることは事実だ。

これまで書き記したノートを見ながら復習して就寝した。

面手ぬぐいを着けた瞬間、人違いで声をかけられる思わず笑い、そのハプニングで気持ちが楽になる

■審査当日

映画ロッキーのテーマなどを聞いてテンションを上げる

午前9時ごろ朝食をとり、ストレッチを入念し、お昼12時と同時にホテルを出た。15分後、見慣れた日本武道館に到着。知り合いを探すも誰も見当たらず、あまり人混みのないところで入口の扉が開くのを待っていた。そこで厚別の畠山健二さんと出会い、彼は初めて受審ということで、私は経験豊富な姿を醸《かも》し出しながら一応の流れを説明した。長年の審査経験が役に立った。（だてに経験を積んできたわけではない。オホホ）やはり今回は相当受審者が多いのか、混み合ってきた。耳にイヤホンをしてロッキーのテーマ、黒い炎、イージーライダーのテーマ、トップガンなどを聴きながらテン

ションを上げ、ストレッチを行なった。
　午後1時近くなっても入口の扉はまだ開かず、黒松内の奈良先生もいるはずだと少し探し回ることにした。なんと、正面玄関の一番前にいるではないか。いつも気持ちが入っている姿は素晴らしい。頭が下がる。さらに奈良先生から「先生は第四会場だから、着替えの場所は右を曲がって…」と的確に指示があった。（ありがたい）
　いよいよ会場入り。奈良先生に言われた通り進み、第四会場の上で着替える。いつものように着替えてから受付へ行く。相変わらず違う場所の人が並んでいて係員ともめている。そうこうしているうちに受付が締め切られ、次は受審番号を受け取る。私は465D。つまり第四会場は450が午後最初の組で469が最後の組。よって私はほぼ後半の終わりに近い15組目。460番の組が終了すると、審査員の一時休憩がある。私の審査までまだたっぷり時間がある。まずは何人かの立合を見てから、廊下に出て、腰・足・腕の順を確認しながら大きな素振り、何気に隣を見ると、立合相手の465Cも素振りをしていた。素振りからも上手さが伝わった。あまり見ないようにしてもう一度会場へ。まだまだ時間はある。

■一次審査発表　初めての通過

〝465D〟を発見！　あっ、えっ、ほんとうに。「よーし」と心の中で言う一時休憩後、そろそろ461番台の組が終わり、会場の囲いの中に入ろうとした瞬間、審査を終えたばかりの奈良先生が来た。二言三言話してから囲いの中へ。混んでいたので囲いの入り口近くで正座をして、使わない手ぬぐいを水に濡らしておいたので、面紐・籠手の掌側を濡らす。そしてその手ぬぐいで上気している顔を拭いて気持ちを引き締めた。

さあ、気合を入れ、面手ぬぐいをつけようとした瞬間、後ろから両肩に手を回し「頑張って」と。誰？と顔を向けると「あ、間違った」と言われた。一瞬この体験記を書くためにいろいろなハプニングを作っているかのようで思わず笑ってしまった。（後で考えるとこのハプニングで気持ちが楽になったのかも）もう一度気を取り直して古川和男先生揮毫の「剣心一如（正しい剣の修行をすれば、正しい心を磨く結果となる）」

著者が合格した当日の八段審査風景

の手ぬぐいをつけた。

私の組の一次審査が始まった。私はDなので、まず二人目となるAを拝見。背も高く体格もいいが大技ばかりを狙う傾向がある。次に一人目のCは審査前に上手な素振りを見た男である。背は小さいがBを完全に遣っている。強い。

さあ、私の出番だ。相手Cは強いので、礼から気合が入る。蹲踞から立ち上がり触刃の間に入るも、相手からの気合はない。私から低い気合を出すと相手も出す。もう一度私から大きな気合を出す。CはBを遣った自信がある。背が小さいので、返し胴を先に狙う可能性がある。そこで先の先である。面に隙を見せたら、一瞬戸惑うに違いない。…やはり面に隙を見せると、すぐに面と打ってきた。その出頭を打つ。軽いがきまる。残心を素早くとる。返し胴が打ちにくい相手と見えるようにする。お互い打たない。次は小手を見せる。思い通りに小手がくる。そこに相小手面が決まる。これで十分である。次はAで、相手が動いたところへ出頭の面が決まる。もう十分。蹲踞し帯刀してもほぼ呼吸に乱れはなかった。こんなこと初めての経験であり、なぜか邪念も浮かばなかった。

一次審査発表、「あっ、えっ、ほんとうにあった」私の465Dがあるではないか。合格だ。初めて一次審査を通った。そのとき林満章先生の一次発表における合格の瞬間の姿を思い出した。発した言葉は「よーし」であった。二次審査に備えて私も「よーし」と心の中で言った。自分の場所に戻るとCさんと目と目が合う「頑張って」と声を掛けられた。

二次審査直前、天井を仰ぎながら母に「祈ってくれよ」と心の中でお願いする

■もちろん初の二次審査

二次番号はトリプルワンとウルトラCの「111C」

もちろん初めての二次審査に挑む。今度の番号は111Cである。（うーん、ナンバーワンが3つも、いい番号。もちろん他の3人もそうであるが、勝手に私だけの世界に入る）100から113まであり、11番目の組ゆえに、またしても時間はある。素振りは会場内でできた。武道館の天井を仰ぎながら母に祈ってくれよとお願いした。葛西（故葛西良紀＝私の親友・心友）も相変わらず笑いながら出てきたので、「ここまで来たよ」と言った。

念を押すがもちろん二次は初めて。（もしかしたらこれで最後になるかもしれない。やるだけのことはやろう）今思うと、気負いなく、とても気持ちが落ち着いていた。小手打ちは下手なので、控えよう。引き出して相小手面などと考えると、相手は強いので、小手を打たれるか、面を打って出小手

を打たれたらしかたない。それで面と胴だけにしぼることにした。

そうこうしているうちに私の二次審査開始。一人目はB。礼から「さあ、来い」の気持ち。（二次ができるだけで、うーん、マンダム、いや幸せである）気負いはない。こちらから触刃に入る直前に気合。触刃から交刃まで時間をかけて、ゆっくり息を吐き続ける。Bにとって私は二人目。面に対して返し胴を打つ可能性ある。仕掛ける。裏から出頭の面（古川先生から教わった）。打ち切った。感触良し。さあ次はどうする。相手は動揺しているはずだ。「来るなら来い」とじわじわと攻める。5秒10秒、（来たぁ）面に来たのが見えた。すかさず面返し面。「パカッ」といい音が私の耳に響いた。感触よし。残心もよし。あとは大技を狙うことなく相手を見定めていくうちに時間となった。

二人目はD。礼、蹲踞そして構えから強い者と判断。同じように落ち着いてゆっくり一足一刀の間合に。上から乗るよう意識する。相手は私が一人目でまったく胴を打っていないので、返し胴を狙っているのではないかと勝手に判断。ゆえにこちらから先手をかける。合気になりながら触刃から交刃に入るや否や思い切り面を打ち切る。突き抜けた。（気力一致の面が打てたぞ）感触良し。相手は動揺したのか竹刀を一瞬下げた。構える。相手の焦りを感じるが、ここで我慢。相手が交刃の間に入ろうとするも、私は下がらず相手剣先を抑える。もう一度合気になり、10秒、15秒、そこで一瞬、面を見せると、やはり面を打ってきた。すかさず一拍子の面返し胴。場内にも響いたらしくざわめきが聞こえた。感触良し（この返し胴は姿勢も崩れることなく、今まで打ったことのない返し胴であった）その後、一人目と同じように相手を見定めるかのようにガシャガシャせず時間となった。

2人の相手には初太刀と二本目だけは憶えているが、残りの1分をどう遣ったのか記憶を辿るけれどよみがえってこない。無我夢中だったと思う。構えでは、ひかがみを軽く伸ばすことと腰から打つことだけは心がけた。打たれてはいない。帯刀後やはり呼吸の乱れはなかった。やり切った感があったが、もちろん合格の確信はなかった。

審査後、自分の場所に戻ると、隣には審査を終えた後の人が休んでいた。お互いにねぎらう。彼は9回二次審査を受けているとか。凄い人なんだなぁと思った。こういう人が二次にはたくさんいたのだ。ほんと知らなくて良かった。

終わって間もなくすると二次の発表。「ある、111Cが」。合格……。え、本当?…すぐに形審査に入るため合格者の番号が呼ばれている。嬉しさに浸っている暇もない。39歳三段でリバ剣は翌年四段合格（形で一度落ちる）し、約30年の時を経て倍の八段になるかも知れない。しかし油断は禁物。剣道形は月1～3回稽古しているが下手くそである。なにしろ四段は一度形で落ちているからだ。幸い五段、六段、七段は一発合格ですべて打太刀だった。打太刀がきますようにと願う。そこに「111Cは仕太刀」（やはりな。そういえば四段で落ちた時も仕太刀だった）なんでもかんでも自分の希望どおりにはいかん。

なんとか形審査をやり終えた。形の発表があり、全員合格だった。時計の針は19時30分を回っていた。とにかくほっとした。体が震えた。またもや嬉しさに浸っている暇はない。すぐに名前、住所などの手続きに入る。すると目の前に神奈川県の野見山延先生（全日本医師剣道連盟会長）が私の前に来て、「おめでとう」と手を差し伸べてくれた。嬉しかった。書類に書き込みながら、ぼそっと「世界一弱い八段だな」と言うと、隣の人も私も同様ですと。その人はたぶんそんなことはないだろう。そして顔写真の撮影。すっかり北島康介選手ばりに収まることは忘れていた。（まあ、これもまた人生よ）もう会場内は後始末も終わりかけているので、大至急着替えて武道館を退出しなければならなかった。

夜空に向かって母と葛西に「ありがとう」
「ほんとうにこんな俺でいいのか」と自問する

■合格後
天まで届く上り坂の気分で九段坂を下る

八段合格のお祝いに駆けつけてくれた高校時代の同級生と祝杯

2022年11月25日八段合格の夜、今まで泣いて反省した坂だったのに天まで届く上り坂の気分で九段坂を下った

日本武道館を出た。辺りはすでに真っ暗だった。武道館の看板に一礼し、夜空に向かい母と葛西に「ありがとう」と言った。武道館を出て、車の往来が盛んな大きな道路まで通じている九段坂を下って歩きながら女房に電話した。「合格したよ」「えー?えー!よかったね」と言われ、ようやく涙がこぼれた。どれだけ、この下り坂を悔しい思いで帰ったことか。今日ほどこんな嬉しい下り坂はなかった。気分は天まで届く下り坂、いや上り坂であった。

審査後は、高校時代の友人2人と(どうせ一次も通らないからと思っていたので)、午後5時東京駅で待ち合わせしていた。審査中、メールで遅くなること連絡したが、もはや午後8時過ぎで彼らも解散して池袋にいた。合格を伝えるとまた東京駅へ戻って来てくれて、祝杯をあげてくれた。ありがたい。彼らも葛西を大好きだったので、「きっと喜んでいる」と言ってくれた。

その日の夜、たくさんの人たちからの電話が鳴ったが、あえて取らなかった。出るとそのたびに泣いてしまいそうだったからである。この場をお借りして電話をくださった先生方「誠に申し訳ございませんでした」と謝らせていただく。

布団に入っても「ほんとうにこんな俺でいいのか?」の自問としつつ、「よかった」という喜びと興奮で結局、朝4時まで眠れなかった。

翌日は多少でも冷静になれたので、何人かの先生と電話でお話しした。夜は大学時代の仲のいい友人が同門会会長となったので、その祝賀会で仲間が集まった。もちろん、私のお祝いもしていただいた。ありがたい。

■札幌へ戻る

女房からお祝いのプレゼント。なぜか女房もウキウキ気分、その訳とは

審査2日後、日曜日のお昼に札幌へ戻る。女房はいつものように車で迎えに来てくれた。

車へ乗り込むと、渋滞で遅れたことを話してきたが、お祝いの言葉がない。何事もなく1分ぐらい経過し、私から話しかけた。

「俺、受かったのだけど」

「そうだね。おめでとう。奈良先生からもメールが私のところにきて『先生合格、凄いです。帰ったらお祝いしてください』って書いてあったよ」

「ありがたいね」

心の中では女房が剣道に興味がなくても、周りの人から祝福で攻められるとやはり違うよなと。(今夜はご馳走)かなぁとも思いつつも、まずは婉曲に言葉を選ぶ。

「お腹すいたなぁ」と言うと、即座に

「私も。イオンに寄ってお弁当でも買う?」

「ん、……そうだね」と。夢心地はどこへやら、いつもの生活に戻りつつある。

そしてその日の晩御飯（お祝いの）は、あんかけ焼きそばとチーズグラタンというチン食事であった。缶ビールを三分の一ぐらい飲んだ頃、女房がグラスを持って「そうだ。はい。おめでとう。乾杯」と。夢心地は去り、生活は完全に普通に戻ったのであった。

10日後、女房から合格祝いのプレゼントをもらった。「ありがとう」と言いながら、たぶん私のカードで買ったなぁと思った。なぜなら、私以上にウキウキしているからである。自分の分も何かしら買ったに違いない。うん、間違いないと確信する。だからあえて聞かないことにした。そして素直に喜んだ、いい旦那である。

■今回医師2人が合格
宮坂昌之先生とはラベルもレベルも違う私

今回の審査では、全日本医師剣道連盟から大阪の宮坂昌之先生と私が合格したわけだが、この業界以外の皆さんは私たち二人を全く同じ医師での一括りとして捉えている。よって周りの人々に宮坂先生とすべてが異なることを説明するのが大変である。

例えば、「宮坂先生は日本の代表する医者です。京都大学を卒業して大阪大学教授となり、日本の免疫学の権威です。剣道は高校時代インターハイにも出て、現在医師剣道大会でも常に優秀賞に輝き、強く且つ尊い存在です。私とはラベルもレベルも違う。よって同じ医師の枠で捉えられると宮坂先生に大変失礼に当たります」と説明している。そこまで話をすると、私のことは聞かれない。そう、その差を周囲の皆さんは肌で感じているからであろう。

そこで聞かれない私の話をする。（聞いてね）私は町医者である。北海道のオホーツク海に面する紋別という田舎町で育ち、小学5年生から剣道を始めたが、小中高と補欠で、東京医科大学に入って初めてレギュラー入り。大学時代は東医体準優勝・3位2回・関東医歯薬獣大会優勝など数々の入賞を果たしたが、同期にめちゃくちゃ強い奴がいて、彼のお陰で入賞させて頂いたようなものである。

大学卒業後、15年のブランクを経て39歳から息子と一緒に剣道を再開。1か月に2～3回の稽古にて、すぐに四段を受審したら剣道形で落ち、2回目で合格。その後、稽古数も同じ1か月に数回であったが年齢の考慮もあり五段は一発合格。まあまあ順調に昇段したがゆえに全国区である六段をめざすことにした。

その頃から範士八段・古川和男先生を師として本格的に週3回以上の稽古をするようになった。六段も一発合格。なら上席に座るためにと七段をめざす。七段もなぜか一発合格。脳天気・単細胞な私は、なら最高峰の八段をめざそうという気になるのであった。

10年後に八段初受審。あまりにも周りの受審者と歴然とした差があることがわかった。仕事にも余裕が出てきた65歳であった。ここから10年間は昇段をめざそうと思い、稽古数は年１８０回を目標に置いた。90％以上が上に掛かる稽古で、自分の成長とともに、稽古の量は徐々に稽古の質に変わってきた。特に今年はねんりんピックの選手でもあり、２月はコロナで１回も稽古が出来なかったにもかかわらず、あらゆる場所に出没して稽古を続けた。週７〜９回、受審まで１９０回の稽古数であった。（もちろん、ちゃんと仕事もしていました）

良師古川和男範士との出会い
悪癖を取る基本稽古の積み重ねが糧に

皆さん、長い間この八段の合格までの不合格体験記を読んでくださりありがとうございました。まさかこの体験記に終わりが来ることを誰が予想していたであろう。もちろん私も。

私はトップアスリートのように運動神経があり、体も柔軟性の持ち主ではない。どちらかというと運動も音痴で、前屈で床に手はつかない。最近は正座も長くできない。みなさんもご存知の通り、剣道も強いわけでもない。

そんな私がどうして、なぜ八段を取れたかと思うと、まずは養心館で古川先生という良き師に出会えたからである。五段で養心館に出向いた頃は、先生の稽古を横目で見るだけであった。六段を挑戦し始めた頃から、時々先生に稽古をお願いした。七段を受審する頃には積極的に並んだ。最近は2、3番目に並ぶことにしている。なぜなら客観的に先生の稽古の姿を拝見できるからだ。間合の入り方などをとにかく盗む。しかし、いざ自分の稽古となるとこれが難しい。先を読まれる。さらに稽古中は縁を切らないので、すぐに息が上がる。打たせて応じ技、こちらが止まると打たれる。もうフラフラの状態で稽古を終える。当たり前だが、いつも八段の格の違いを見せつけられるのであった。

コロナが感染し始めた2年前から養心館では古川先生指導の下、基本が中心の稽古となった。基本をしているせいか、個人や皆のどこが悪いか言葉・姿で教えていただける。私の場合は基本を始めた時、切り返しの足継ぎが一足一刀になっておらず、且つ後ろに下がるときに右かかとが床に着いていた。見本を先生が示した動画を撮り、私にその動画を送ってくれた。教える側は大きなパワーが必要だ。だから大きな声で注意することもある。この大きなパワーをかけてまで注意してもらった、そのありがたさに気づいた。家で何回も復習し、すぐに注意されることはなくなった。

今、養心館では1時間の稽古時間中、基本稽古は30～45分である。ほんとうにきつい。でもこれが今回の結果につながったと思う。

基本稽古は、剣道の根幹であることはわかる。昭和の剣聖と呼ばれた持田盛二十段は、「わたしは剣道の基礎を修得するのに50年かかった」という名言を残した。その意味は私の中で、わかったような、わからないような漠然としていた。あるとき、古川先生が「今まで何気なく身につけてしまった悪癖を取るためにも基本は大事だ」と言われた。私は納得した。基本は不必要なものを捨て、必要なものを残すことだと。だから持田先生も悩み、剣道の根幹である基本動作の習得に50年かかったことがわかった。

ゆえに大人になってからやる基本は、本当に大変だし、辛い。今まで知らず知らずに身に付いた悪癖を取らなくてはいけないのだから。稽古後、上の先生方の注意も、ほとんどが個人の悪癖である。ゆえに素直に聞かなければならないし、それがまた簡単には直らない。そこで基本を取り入れ、直していかなければならないと、いまさらだけど思うのである。

江戸時代の武士論書『葉隠《はがくれ》』に「武士道と云ふは死ぬ事と見つけたり」という一節がある。これは忠義のために命を落とすことも覚悟しなければならないという武士の思想を表す言葉だが、彼らは常に死を意識しながら生に全力を注いでいた。

母の死に直面し、この死生観に立ち、人はいつか死ぬからこそ、生きている時間をいかに豊かにするかが大事と強く思った。そのために、大好きな剣道から自分の成長を促し得るものを学び、周りの人々と影響を与え合って幸福感に浸りたいとも思った。

祝 剣道八段
北海道神宮

今後は皆様と稽古をする機会があるかもしれない。そして「こんなに弱いなら俺も八段になれる」と思うに違いない。私も打たれながら、これからも修錬していきたい。

今回も不合格体験記を期待していた読者の皆さん「長い間ありがとうございました」。今、私はほっとしています（笑）。これからも剣道の奥行きの深さを楽しみながら、稽古を続けていく。ちなみに、これまでの私の文章を女房は読んでいない。もし読んでいたら、おそらくドクターストップならぬ女房ストップがかかっていたであろう。見つからないうちにここで筆をおくことにする。

令和四年十二月吉日

第九章　審査員の寸評（実技）　藤原崇郎範士（月刊『剣窓』令和5年（2023）1月号より転載）

「サムライブルーが強豪ドイツに劇的な勝利」。前日の余韻が冷めやらぬ中、日本武道館において八段審査会が実施された。初日、実技受審者795名。一次合格者86名、二次合格者7名。二日目、実技受審者879名。一次合格者99名、二次合格者9名であった。

ここ数年の中では最も多い16名の八段誕生となった。その内訳をみると40歳代3名、50歳代7名、60歳代4名、70歳代2名、と年代別にもバランスがとれて、受審者にとっても今後期待の持てる結果となり誠に喜ばしい限りである。又、女性の受審者も27名を数えた。中には80歳代で挑戦されている姿も見受けられた。一次合格者はこれまで生まれていないが、今一歩の評価を得ている人も数名出てきており、近い将来朗報が届く状況を呈してきたと言える。

合格に向けて一つの手立てとして考えられるのは、二次審査では2分間で2回の立合です。如何にして4分間無心で立ち向かう自分を作り出すか、があると思います。先人の言葉に「道場は楽屋、ふだんこそ本舞台」という訓えがあります。どうぞ生活化する剣道、剣道化する生活、を試みながら、尚一層自己を磨き、剣風を高められ次回の本舞台に立たれることを希望しています。

あとがきに代えて

君がいたから
今の私がある
親友で心友であり続ける
葛西良紀へ

親友で心友との早い別れ
君のかっこいい姿を見て39歳で剣道再開
八段合格は君との出会いから始まった
成功も幸運も出会った人が運んでくれる
夢の中で二人で祝おう

あなたがそこにただいるだけで
その場の空気が明るくなる
あなたがそこにただいるだけで
みんなの心がやすらぐ
そんなあなたに私もなりたい

（相田みつをの詩集より）

2017年秋田県由利本荘市でのねんりんピック大会にて
葛西は北海道代表　著者は札幌代表として

2013年ねんりんピック高知大会にて

こんなに早く別れが来るとは。人生の無常を感じる
「火星ちゃん、なぜ君なんだ」。あの笑顔が忘れられない

「葛西、本当に逝ってしまったんだな」（平成30年（2018）2月13日逝去）

この2か月という闘病の間、医師から何度「死の宣告」を聞いただろう。肺炎のなかでも特殊な菌に感染した病だった。侵襲《しんしゅう》性肺炎球菌肺炎。「なぜ君なんだ」。人生の無常を感じざるを得ない。

思えば小学生以来の付き合いだから、もう60年近くなる。特に剣道を通して共有する時間が多く、笑っている時も泣いている時も気づけば、いつも君がそばにいてくれた。私にとって親友でもあり心友でもあった。その君が突然いなくなった。どれくらい泣いただろう。5か月経った今でも机に向かっているとき、運転中、寝る前、稽古する時など……君がこんなに早く旅立ったことに、いまだに思い出すと涙を止めることはできない。そして涙は枯れないことも知った。

闘病中、挿管され意識があるのか、ないのかはっきりしない容態の中で、少しでも目を開けるたびに、妻朋子さんが「お父さん京極（北海道虻田郡京極町）に帰るよ。元気になって京極へ帰ろう」と、繰り返す言葉を聞いて「どうか神様、奇跡を起こしてください」と何度お願いしたことか。きっと君にはきっと聞こえていたのだろうな。だから、医者からあと1週間の命と言われてからも2か月以上、

がんばって　がんばって生きようとしていた。もちろんみんなも奇跡を待ち望んでいた。だから本当に残念だ。でもよく戦ったよ。ゆっくり休んでくれ。

私が葛西良紀という男の存在を知ったのは小学5年生で剣道を習った時である。小学1年生から剣道を始めている君は、剣道1級の紫の面紐をつけ颯爽としていた。あまりにも剣道が強いので、同学年でありながら私にとって憧れの存在だった。そのためか、直接話すことはあまりなかった。その強さ、宇宙人並みで、みんなが葛西の苗字から「火星ちゃん」という愛称で呼ばれていた。小学生では水戸の大会、中学では日本武道館の全国大会で優勝した。とにかく、あらゆる大会は総なめしていたのである。当時を振り返り、私が「お前、本当に強かったな」と言うと、「あの頃は負け

昭和40年（小学6年生）前列左端が著者、隣が葛西良紀

る気はしなかった。俺にとって全盛期だった」とニコニコと答えていた顔を思い出す。

中学3年生で初めて同じクラスになり、それからは学校での休み時間、紋別武徳殿（剣道の道場）でも常に一緒に過ごすようになった。あるとき友達同士でエロ本を一晩ずつ持ち帰り、回し読みをすることになった。その順番はくじ引き。私は最後の方で、君は真中あたりだったかな。私はいつ来るかと楽しみにしていた。ところが、君の次の者がその本を親に見つかり、彼の親は君の家へ行き、親に学校にクレームを入れた。

翌日、教室で先生はみんなの前で君に「誰の所有物だ」と怒るも、君は一言も発しなかった。当時学校の先生は怖かったが、そのときの君に男気を見た。それ以来、私は君を尊敬するようにもなったし、この男と友達でいることが

昭和43年（中学3年生）チームは数々の優勝を経験するが、著者はいつも補欠だった

誇らしく感じていた。男らしさはその後も変わらないままで素敵で魅力的な友達であった。

君がいるだけでその場が明るくなった紋別と東京で学生時代を謳歌した日々がよみがえる

高校も剣道の強い学校に行けたのに、優しいから、仲間意識が強いから、指導者がいない紋別の高校へ入学してくれた。やはり高校となると、町道場の稽古だけではいい成績が残せなかったのは当然だった。でも、文句ひとつ言わず、真面目に剣道に取り組んでいた。そんな君を大好きだった私は補欠ながら稽古だけは一緒に付き合った。君が紋別北高校にいてくれたお陰で、俺は最高の高校生活を過ごせたし、君という最高の友人を得ることができた。こうして

昭和46年、高校3年次の紋別北高校剣道部。前列左から3番目に葛西（キャプテン）、5番目に著者、その右隣りは仲野英司先輩。後列には俳優になった長谷川初範氏（右から6人目）

今、剣道を続けてこられたのも君のお陰だ。本当にありがとう、ありがとう。

高校では2年、3年生と同じクラスになった。偶然とはいえ、神様に感謝したい。今思えば高校では本当にいろいろとあり、なにもかもが青春だったといえる。その中で君が一番辛かったのは、親の商売がうまくいかなくなり、ご両親が札幌へ行き、君だけ紋別に残って下宿生活を余儀なくされた時ではないだろうか。下宿先から持ってきた弁当のおかずが、ある時はサンマ一匹のみ。表を食べて、裏をひっくり返しながら二匹目と笑いながら言っていた。落ち込みもせず根っから明るい性格なのか、現実を笑顔で返す強い姿は今も忘れない。

また、下宿先の薄暗い部屋の雰囲気も、君が月1回札幌に行った時に買ってきた明るい映画のポスターを

高校の修学旅行、京都の平安神宮にて。
汽車・バス・自由行動とつねに葛西（右）が隣にいた

壁いっぱいに貼ったことでいつの間にか明るくなった。その後、ご両親は札幌での仕事が順調にいくようになり、大学進学が許されて日本体育大学で剣道を学ぶことができると、とても喜んでいた表情を覚えているよ。

クラスでは主役を取る存在ではないけれど、主役に花を添える存在だったな。君がいるだけでその場がぱっと明るくなり、笑顔を見せるだけで、みんなの心が癒された。ありがとう。

大学時代の後輩からも話をきいたよ。4年生で寮長していた頃、今から40年以上前のことだ。当時は後輩の誰か一人でも寮の規則を守らないと連帯責任として、長い時間正座をさせられる間、先輩方が説教して、さらに頬を殴るのが普通だったという。しかし、君は一切殴ることはせず、逆に正座している後輩の胸を足で押したそうだ。後輩は後ろに倒れながら、足のしびれを取ることができたと喜んで話してくれ、君の優しさに感謝しているとも話してくれた。

学生時代、君とは1年に2、3回ぐらい会うことができた。もちろん携帯電話はないので、文通をしてお互いの休みの日を合うようにして会っていた。私は自分の名前を書かずに、当時人気歌手の「天地真理」の名前で郵便を出していたので、学生寮に届くと、君は「みんなから冷やかされて大変だ」と言っていたなぁ。また加山雄三の若大将の映画をオールナイトで一緒に何回も見に行ったよなぁ。

お互い東京にいる、若大将と同じ大学生、それだけで青春を謳歌している気分になっていた。なつかしい青春の1ページだった。思い出すよ、他にもいろんなことがあったことを。私は今も恰好も気分も若大将のままだけど（笑）。

39歳、君のカッコイイ姿を観て剣道再開
60歳でようやく君と互角にできるようになった

日本体育大学を卒業した後は、大学の先輩の勧めで京極町の役場に勤め、その後、朋子さんと出逢い、結婚するのだが、女性に対しては純朴な葛西が「どのようにプロポーズしたのか」と聞いたことがあったなあ。

「朋子さんを車で自宅へ送る途中、あの電子柱で言おう、その電信柱も通り過ぎ、次の電信柱、次と思っているうちに、家に着いてしまった」なんて照れながら話をしてくれた。そんな君だからプロポーズの大事な日でも高校時代の友人を家に泊めていた。本当にお人よしだ。

めでたく朋子さんと結婚。昭和58年広大くん（長男）が生まれ、2年後に直美ちゃん（長女）が生まれた。京極で500坪の土地を買って羊蹄山が真正面から見えるところに家を建てた。同じ時期、

私も開業するために札幌市南区に３００坪の土地を買った。君は「病院を建てるのに、土地はそれぐらいで大丈夫か」と心配してくれた。

私の開業前のある日、高校の後輩、北崎勝也君（当時北海道警察・特錬在籍）が私の勤めている病院でアキレス腱断裂の手術をし、病室で「明日、東海大学（札幌校）で葛西先輩の剣道の試合があるので応援に行きましょう」と誘われた。

試合での君は相変わらずカッコよかった。君の試合を観て、刺激を受けた私も剣道をもう一度挑戦したくなった。15年のブランクを経て、39歳で剣道を再開することにした。

君の子供たちも剣道をしているというので、小学4年生の息子を巻き添えにした。大学時代に取得した三段からの再出発である。もちろん目標は「葛西良紀」。運よく四段、五段と昇段するも、君はすでに六段そして七段を取得していた。私との稽古では常に格の違いを見せてつけてくれた。

平成10年、後志地区剣道大会前夜決起集会。
紋別北高校剣道部で汗を流した仲間たちと旧交を温め合う

平成10年、高校時代の後輩で俳優長谷川初範氏と組んで葛西の地元後志剣道大会に出場。
結果は3位だった。当時葛西（後列左から2人目）は45歳でまるまるに太っていた

君は50代半ば、食道がんを発症した。見舞いにオグ・マンディーノ著（坂本貢一訳）の「十二番目の天使」の本を持っていった。いたく感激し、本の中の一文を退院時にメッセージとして送ってくれた。「毎日、毎日、あらゆる面で、僕はどんどん良くなっている！……だから、あきらめるな！あきらめるな！絶対、絶対、あきらめるな！」

手術をしてから半年ぐらいで剣道も復活した。嬉しかった。そして、私も再開から15年経過し55歳にて七段に合格した。電話で合格報告を一番にしたのはもちろん君だ。あのときの電話口から聞こえた「本当か。よかったな」の声は一生忘れられない。

この「あきらめるな」の言葉を、ベッドに横たわっている君に、何度、語りかけただろうか。

60歳になってようやく互角の稽古が出来るようになってきた。1、2か月に1回は京極へ行き、30分以上の稽古は当たり前になった。帰りの車の中で、君に少し近づけた喜びを感じ、且つ指摘を受けたところを頭の中で反省した。そして、いつも心地よく幸せな気分に浸り、帰路に着くことができた。ありがとう。

また、お互いに60歳を過ぎ、年齢的なものから時間的余裕ができ、剣道を通じて一緒にいろいろな場所へ稽古に行った。そして飲みに行く回数も増え、今までお互いに会えなかった時間を埋めるように語り合ったなあ。

君の「や〜」という気合を聞くと嬉しかった 時々、喜びを分かちあいたいので夢に出てきてくれよ

剣道が好きというより大好きだった。出頭の面、払い面、突き技を求めていたけれど、試合では小手と引きながらの払い面と返し胴がとても上手かった。ある試合で面返し引き面の技が見本を見せるように決まった。試合を終え、君の満足した「どうだ」といった自慢げな顔を思い出す。

八段審査を一緒に受けた後輩が合格したことを、自分が受かった如く喜んでいた。その新八段との初稽古で、「彼に出頭の面と突きを教えてあげた」とニコニコと自慢していたなぁ。

京極の剣道少年たちの成長をすごく楽しみにして、40年間近く指導。そのうち30年近くは一人で指導していたのだから凄いことだ。京極の子供たちの構えは皆、剣先が高め、このスタイルは君の構えであること知っていたのだろうか。同様に気合の掛け方も「や〜」が多いのを知っていたのだろうか。私も1〜2か月に1回、京極での稽古楽しみだった。

稽古場・試合場に行くと、いつもの君の「や〜」という気合が聞こえると本当に嬉しかった。100人以上の会場でも「や〜」の気合の声が聞こえただけで、君がいることすぐわかった。なぜなら私が君の一番のファンだからだ。

試合会場に着いて、まず君の姿を探す。姿を見ると、なぜかほっとするから。ニコニコとした笑顔を見て一緒の戦場にいることを確認し、気持ちを落ち着かせていた。それはここ何年も続いていた。君は私の試合を、私は君の試合を見ていた。それだけで十分だった。そしてこれからも一緒に試合に行くはずだったのに。残念でたまらない。長男広大くんから、君の愛用の竹刀袋と試合用の竹刀をいただいたので、これからはいつでも、それらを持って試合に臨むことにした。「力をくれよ！」

日本酒が大好きで、一次会が居酒屋、二次会は焼き鳥屋。ニコニコと笑顔で酔っていく。日体大ＯＢ会、紋別会、二八会、高校のクラス会すべて君の笑い声が響く会だった。友達を笑顔で包んでくれた。お葬式も凄い吹雪にもかかわらず、君を慕ってたくさんの友人

平成24年8月、紋別剣道連盟50周年にて

たちが来ていたよ。

お別れ会には大学の同期が遠方からたくさん来ていたし、後輩も厳しい体罰のある時代に葛西先輩の優しさをもった行動に感謝していた。二八会のメンバーもほとんど来てくれて、紋別北高のクラスの仲間もいつも場を癒してくれた君の笑顔に感謝して来たよ。後志《しりべし》の剣道仲間、君に指導を受け昇段できたこと感謝しに来たよ。みんな君に感謝しているぞ。本当にありがとう。

犬が大好きで、今いるヒナちゃんも以前虐待されていたのか、保健所から里親として引きとり、徐々にヒナが心を開いてくれると優しく語っていたな。そんなヒナちゃんと晩酌するのが楽しみだと話していたではないか。

平成25年9月、60歳の時、紋別北高校C組の同期会にて

自然がいっぱいの京極が大好きで、花が好きで、羊蹄山を見ながらの庭いじりが好きで、秋の収穫を楽しみにしていたのに……。

山が好きで、去年夏の暑い日、君の提案で高校時代の友人とアンヌプリの登山を計画。一緒に登るはずが、一人でサッサと登り、頂上で最高の笑顔で手を振って待っていてくれた。下山も一人でサッサと降りて、へとへとになった我々が下りていくと、そこにはギンギンに冷えたタオルとスイカを用意してくれていた。最高のおもてなしをしてくれたのであった。そして今年も山に登ろうと約束していたはずなのに……。

本が好きで、フォークソングが好きで、青春という言葉が好きで、賑やかなことが好きで、天真爛漫で子供っぽくてかわいくて、意外に頑固で、人見知りで、

5月の羊蹄山と一本桜（撮影・葛西良紀）

物腰は優しいけどストレートな言葉を発し、そしていつでもどんなときでも、君は必ず私の味方をしてくれた。本当にありがとう。感謝しきれない。

そして家族が大好きで、1月に広大くんに孫が生まれるので、その世話をしに朋子さんが行くと嬉しそうに話していた。そして孫が生まれたね。写真をみたら男の子で広大くんに似ているので、もちろん君にも似ているということだ。君の肉厚で柔らかい手に抱かせてやりたかったな。でも孫が生まれるまでよく頑張ったよ。枕もとで生まれたことは伝わっていたね。生まれ変わりなのだろうか？孫が剣道すると言ったらどうする？楽しみだね。

直美ちゃんの話題の時は、いつも笑いながら「直美は変わっているから」の決まり文句から始まり、「直美はチャレンジ精神が旺盛で、戸惑うばかりだ。何をしたいのかわからんけど、近ごろは親が言うのはおかしいが魅力ある女性になってきたんだ」と。東京で結婚式を挙げるようなことがあったら、来るかと誘われてもいたなぁ。

妻朋子さんの料理の自慢もしていたなぁ。「どうだ、うまいだろ」と言いながら。また朋子さんとはここ数年、毎年旅行していて「鎌倉も良かったし、日光の旅も良かった」と。これからも旅がしたいと話していた。その嬉しそうな顔が忘れられない。朋子さんも私もそうだけど君がいないことが未だに信じられない。上からしっかり家族を見守ってくれよ。

本当の友とは自分のことのように喜んでくれる友

友を失うことがこんなに悲しいことか。いつでも話が出来、どんな話でも聞いてくれて、なぐさめられ、叱咤され、それがどんなに幸せだったかを、今改めて知ることになろうとは、本当につらい。私にとって君を親友・心友であると呼ぶことが誇りであった。

若い頃は辛い時に助けてくれるのが本当の友達だと思っていた。大人になって職業も違い、周りの環境も違うなかで困難を乗り切るのは友達の助言ではなく、自分自身でしかないことも知った。だからだろうか。私が自分の辛い話をすると君は黙って聞いてくれた。ただ、私が試合に負けてうな垂れていると、「明

左から葛西良紀、北崎勝也、奈良正幸、佐藤実善、著者

日が見える」と一言だけは言ってくれた。そして、私が幸せな・嬉しい報告をすると、自分のことのように喜んでくれた。「あ〜、これが本当の友達だなぁ」と感じる瞬間だった。

自分が嬉しい時、幸せな時に一緒に喜んでくれる友達が本当の友達だということを、いまさらだけど知った。時々、喜びを分かち合いたいので、夢でいいから出てきてくれよ、話したいことが山ほどあるから。

これからは葛西に褒められるような剣道ができるようがんばるよ。

今まで本当にありがとう。ありがとう。感謝している。

合掌

平成三十年八月四日　友人・池澤清豪

故郷の紋別武徳殿へ剣友たちと遠征

剣道交流大会にて

北海道学連剣友剣道大会にて

北海道
池澤

五年後の追伸
君の元気ハツラツ笑顔は今も心の中で生きている

君が64歳、平成29年11月29日、日本武道館で八段審査を受けた。私が初めて八段審査を受ける前年であった。結果は残念だったが、メールで「合格の仕方わかった」という口元が緩む文章を送ってきた。その時は来年、先に君が合格するか、もしかしたら一緒に受けることになるかも知れないと思っていた。もし一緒に受審できたら、どんなやり取りがあっただろうかと思ったりしたものであった。なにせ一緒に同じ段を受けるのに、私は半世紀以上（55年）もかかったのだから。

こちらに戻り、地区の稽古会に出た後、体の不調を訴え、審査から10日目に地元医院より救急車が手配され、歩いて救急車に乗った。札幌の病院に着いたところで意識不明となって気管挿管された。その2、3日後には侵襲性《しんしゅうせい》肺炎球菌性肺炎という病名と死の宣告を受けた。その後、一進一退の状態が続いたが、翌年2月13日ついに力尽きた。楽しみにしていた1月末に生まれた初孫を抱かずに……。

君は突然ふってかかった病における死に対して、どんな思いで迎えたのだろう。自分の足で救急車に乗った時はそんなことは微塵も感じていなかっただろう。

考えてみるに、どんなにあがいても、私たち誰一人として　どのような形で自分がこの世を去るのかを知ることはできない。また選ぶこともできない。明日、交通事故に遭うかもしれないし、ある日突然不治の病にかかってしまうかもしれない、何かの事件に巻き込まれるかもしれない。しかし、私はこの事実をしっかりと受け入れてはいないし、この年になると死はいずれ訪れることはわかっているが、覚悟までは到底考えていない。そして死の訪れは突然降りかかってくるものではなく、いくばくかの時間の余裕があることが前提であるかのように今も振舞っている。だが、君は突然、病といっても交通事故のように、なんの心の整理もできないまま亡くなった。「さぞつらく、無念だったろう」と思うのだった。

それは、残された者の考え方なのかもしれない。

死を「不運だ」と思うと、ずうっと君は不運な死に方をしたということになり、君の人生を否定することになってしまう。死は人生における出来事ではない、生きていて死を経験することはないのだから。君はきっと笑った日、喜んだ日を思い浮かべながら、感謝をしていたに違いない。

誰にだって、つらいこと哀しいことはある。しかし、哀しみには必ず終わりがくる。だから君の死はもう不運ではない。いつでも元気ハツラツ笑顔の君が、私の心の中で生きているから大丈夫だ。

君と出会わなければ八段合格はなかった　成功も幸運も出会った人が運んでくれる

私も君の家族も今は新しい人生をしっかり歩んでいるから安心してくれ。

また、君は私に自ら人間の命の儚さと同時に、「今を生きる」ことの大切さを教えてくれた。「人間の一生は時間的にとても小さな存在であり、一瞬の出来事」ということを。一人の人間の存在は歴史からみても、宇宙からみても一瞬の出来事であり、大河の泡に過ぎないということである。自分が死んだところで日々の生活は何も変わらないのだから。

命には長さがあり、その存在は泡のようなものだけど、「今」存在することの価値が大切であり、それが生きていた証として何らかの爪痕（存在）を残すことを知った。その爪痕とは、誰かを幸せにするために生きているんだということである。それを可哀そうとは言わない。お釈迦様も「一人一人に果たすべき尊い使命があるから、一人一人の命にかけがえのない価値がある」という言葉を残している。

君の剣道に対するひたむきな行動が、結果としてたくさんの人々の幸せを与えていた。君は教え子にたくさんの喜びを与えた。もちろん私にもたくさんの喜び・言葉を残し、それを今、時々思い出しては自分を奮い立たせている。

ところで君が驚く報告をする。言うよ。な、なんと、この私が八段を授かることができたんだ。「え〜」だろ。私も不思議でたまらない。二次審査の時、落ち着いて相手が見えて、すべて自分の思うような展開ができた。これは、二次審査前に君を思い出しながら「力をくれ」という言葉が通じたからだ。ありがとう。君と祝いたかったなあ。「おれより先に八段を取りやがって。おめでとう」と屈託のない笑顔が浮かんでくる。

私がこのような形で八段に合格できたのも、君との出会いによってもたらされた結果だよ。「人生は誰と出会うかで決まる」まさにその通り。君と出会わなければ剣道をここまで続けてはいなかったし、剣道を通しての自分を成長させることも、可能性が開花することはなかったと思う。成功も幸運も出会った人が運んでくれることがわかった。ずうっと男として惚れていた葛西がいたからこそ、今の私がある。

直接もう聞くことも話すこともできない。が、写真に向かい報告することはできる。そこには、いつもの〝あの屈託のない笑顔〟がある。だから安心！

本当に感謝している。何度でも言う「ありがとう、ありがとう、ほんとうにありがとう」

五年後の追伸の最後として次の詩を君に捧げたい。

「忘れない」

たぐちひさと著『もっと人生は楽しくなる』より

大切な人の死は
乗り越えられるわけでなく
いつまでも忘れられずに
思い続けるもの
忘れないからこそ
前に進めることもある

感謝

「燈燈無尽」

京極剣道連盟会長・剣道教士七段　葛西良紀

燈燈無尽《とうとうむじん》とは、「ひとつの話を聴いた人が次から次へと語り継いでいく。それをひとつ、またひとつと重ねることによって、小さな灯が消えることなく繋がっていく」という意味です。

私は小学校二年生の時に同級生に誘われて紋別で剣道を始めました。稽古は警察の道場で行われており、早く行っては遊んでいました。剣道の指導は千葉徳晃先生で、いつも輝いていた先生でした。私たち小さい子には船木朗先生が基礎から教えてくれました。その子供達に対する接し方が、今の私の原点になっています。あの頃の船木先生の指導が今でもはっきりと思い出す事ができます。

小学生の時に全日本道場連盟の先生方が紋別の武徳殿に来られ剣道の指導を行ってくれました。どれだけすごい先生方かは、わかりませんでしたが佐賀の大麻勇次先生、大阪の越川秀之介先生、埼玉の小沢丘先生など、そうそうたる剣道家ばかりでした。大麻先生は「おうりゃ、おうりゃ」といって竹刀を右から左、左から右に動かしているだけでしたが、だれも体に触れることができませんでした。日本最後の十段でした。

剣道をやりたくて、日本体育大学に進学しました。入学式の前に歓迎合宿を行うので集合しなさいという阿部忍先生直筆のハガキが届きました。希望を胸に参加し、一回目の稽古は普通の稽古でした。二回目の午後の稽古から先輩が変身しました。すごい学校に来てしまったと思いましたが、帰るわけにはいかないという思いが強くありました。

大学の時、小沢丘先生によく稽古をつけていただきました。小柄な先生ですがどんな大きな相手にも三角矩の構えでひょうひょうと稽古されていました。先生の動きに自分の体が固まってしまい、身動きできませんでした。この時の稽古は私の宝になっています。

剣道形を習いに、黒松内の奈良正幸先生と雄武町の佐藤一嘉先生の所に行きました。雄武に着くと、一嘉先生が「ようきた、ようきた、コーヒーを飲みなさい」と歓迎してくれました。コーヒーを飲みながら、一嘉先生から剣道形は一本目だと何度も何度も言われ、緊張が高まってきました。「さあ見せてもらおうか」と道場に行き、着替えてお互いに礼をして蹲踞し、下がりました。「だめだ、だめだ。ただ下がってはだめだ」。一本目に入れませんでした。宿に帰ってからは、直された所を忘れないように、今日の指導を必死でメモをしたことが思い出されます。

紋別の仲野先生が退職した時に紋別会をつくりました。紋別に関わりのあった人が一年に一回紋別の武徳殿で稽古をします。ねんりんピックよさこい高知二〇一三大会は紋別会の仲間で参加することができました。楽しい思い出にもなり、これからの目標にもなりました。

最近は町内の店に勤務しているポーランド人の青年も初心者の子供と一緒に剣道を習いに来ています。子供達に何を伝える事ができるか。剣道だけではなく、剣道を通して、大人になるための大事なことを自己研さんしながら伝えていきたいと思っています。

北海道剣道連盟広報誌『剣友北海道』（平成29年11月号「剣声」より転載）

池澤清豪（いけざわ・せいごう）

昭和28年6月16日、北海道紋別市生まれ。小学5年生の時に紋別市の警察署で剣道を始める。紋別北高校から2浪して東京医科大学へ進み、卒業後、昭和55年北海道大学医学部整形外科教室入局。その後、平成4年、39歳の時に札幌藤が丘整形外科医院を開業する。65歳から剣道八段審査にチャレンジし、69歳、9回目の挑戦で八段に合格する。現在、札幌藤が丘整形外科医院院長。剣道教士八段。

奇跡《きせき》の合格《ごうかく》 剣道八段《けんどうはちだん》への軌跡《きせき》
～八段までの笑いあり涙なしの合格不合格体験記～

令和７年 ３ 月10日　初版第１刷発行

著　者　池澤清豪
発行人　手塚栄司
発行所　株式会社体育とスポーツ出版社
135-0016　東京都江東区東陽2-2-20　3F
ＴＥＬ　03-6660-3131
ＦＡＸ　03-6660-3132
Eメール　eigyobu-taiiku-sports@thinkgroup.co.jp
http://www.taiiku-sports.co.jp
デザイン　株式会社エールデザインスタジオ
印刷所　株式会社東邦

ISBN978-4-88458-452-8 C3075 Printed in Japan